비즈니스에서
차이를 만드는
논리 머리
만들기

비즈니스에서
차이를 만드는
논리 머리
만들기

히라이 모토유키 지음 | 김소영 옮김

KMAC

논리사고 어렵지 않아요

여러분은 이미 논리사고 공부를 마쳤습니다.

그런 적 없다고 생각하겠지만, 맞습니다.

딱 꼬집어 말하자면, 중학교 1학년 수학에 논리사고의 엑기스가 가득 담겨 있습니다.

'내가 논리사고를 할 수 있다고?'라며 의아해하는 분이 많을 것입니다.

일반적으로 학교에서의 수학 수업은 선생님이 "자, 이렇게 계산하면 문제가 풀리지요. 그럼 여러분이 문제 3을 풀어보세요" 하고 지시를 내리면, 학생들은 그 문제를 푸는 방식으로 이루어 집니다.

학교 수업은 문제를 풀기 위해 예정된 커리큘럼에 따라 진행됩니다. 선생님은 논리사고를 키우기 위한 수업을 하지 않고, 학생들 역시 논리사고를 익히려는 자세로 수업에 임하지 않습니다.

따라서 중1 수학 수업을 들었다고 해서 반드시 논리사고를 할 수 있다고 보기는 어렵습니다.

성인이 된 후 중1 수학 교과서를 본 적 있나요?

아마 대부분 없을 것입니다. 있다고 해도 정독하지 않고 대충 들춰본 정도일 것입니다.

하지만 찬찬히 읽어보면 논리사고를 배울 때 매우 유용한 내용이 가득 담겨 있습니다.

그 이유는 간단합니다.

익히 알고 있듯이 수학은 실로 논리적입니다. 고등 수학이든 중등 수학이든 마찬가지입니다. 굳이 따지자면 초등 수학에서 중등 수학으로 넘어가는 중1 수학에 논리적인 수학의 토대가 되는 단원이 계속 이어집니다.

따라서 중1 수학을 다시 학습하면 논리사고도 동시에 배울 수 있습니다.

이 책은 중1 수학을 통해 논리사고를 배우고자 하는 목적으로 출간된 것입니다. 문과 출신 독자들은 손을 휘휘 내젓겠지만, 지레 겁먹을 필요는 없습니다. 중학교 1학년 학생들이 배우는 내용이기 때문에 간단할 뿐 아니라 전문용어도 무척 제한적이니까요. 반대로 수학을 좋아하는 분들에게는 혼날지도 모르겠네요.

따라서 어릴 적에는 수학에 자신 없었지만, 다시 한 번 수학을 배우고 싶은 분들에게 추천합니다.

그럼 그 시절에 지나쳤던 논리사고를 배워볼까요.

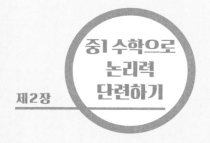

제2장

중1 수학으로
논리력
단련하기

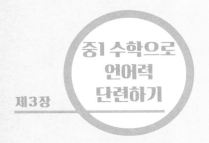

제3장

중1 수학으로 언어력 단련하기

제4장

**중1 수학으로
암기력
단련하기**

제5장

세 가지 힘을
통합하기

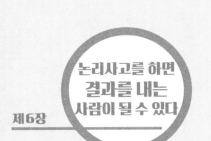

제6장

논리사고를 하면
결과를 내는
사람이 될 수 있다

이과 머리로 생각하면 업무도 척척
'일석사조'가 목표!
논리사고를 익히면 도쿄 대학 합격도 가능하다
논리사고를 하면 세상이 다르게 보인다
왜 수학을 싫어하는 사람이 생길까?
논리와 수학만큼 재미난 세상은 없다!

제 1 장

논리사고로
세 가지
힘 기르기

이과 머리로 생각하면
업무도 척척

문과와 이과의 차이가 재미있다며 화제에 오르고 있습니다.

문과는 불꽃놀이를 보며 '예쁘다'라고 생각하지만, 이과는 '나트륨 색이다'라고 생각합니다.

문과는 칵테일 잔으로 술을 마시지만, 이과는 플라스크로 술을 마십니다.

이러면 '이과는 분위기도 없고 인간미가 떨어지는 사람들'이라고 여길 수도 있지만, 한편으로는 문과 사람들이 이과 사람들을 동경하는 측면도 있습니다.

예를 들면 문제가 발생했을 때 냉정하게 문제점을 분석하는 힘, 해결을 위한 앞뒤 절차를 일사천리로 만드는 힘, 시간을 허비하지 않고 효율적으로 일을 진행하는 힘 등에서 말입니다.

정말이지, 이과적인 사고를 하는 사람은 업무도 척척 해치울 것 같은 느낌이 듭니다.

문과보다 이과 출신의 수입이 더 높다는 연구 결과에 대해 들어본 적 있나요? 이과 머리가 업무에 좋은 영향을 미치는 측면은 확실히 있는 듯합니다.

대학 입시에서는 "모든 과목 중에서 수학이 가장 중요하다"라든가 "수학의 힘이 모든 과목의 토대가 된다"라는 말을 종종 듣습니다.

왜냐하면 수학은 논리의 학문이기 때문입니다. 공부할 때 논리가 필요하지 않은 과목이 없어 수학을 모든 과목의 토대라고 하는 것입니다.

그렇다면 구체적으로 어떤 힘을 얻을 수 있을까요?

'일석사조'가
목표!

　제가 만들어낸 말 중에 '일석사조一石四鳥'라는 것이 있습니다.

　보통 사람들이 돌 하나로 두 마리의 새를 잡고 기뻐할 때, 그 두 배인 네 마리를 동시에 잡자는 의도입니다.

　갑자기 이런 이야기를 하는 이유는 독자 여러분이 '욕심'을 가지고 읽었으면 하는 바람 때문입니다.

　이 책의 주제는 논리사고입니다. 그러나 논리사고의 힘만 키우려는 것은 아닙니다. 논리사고를 익히면 다른 다양한 능력이 동시에 오릅니다. 과목들이 서로 전혀 관계없지는 않습니다. 국어와 영어는 언어라는 점에서 닮았고, 수학과 과학은 모두 계산이 필요합니다. 이처럼 공통점을 찾아서 더 근본적인 힘이 무엇인지 파헤쳐보면, 놀랍게도 그 안에 세 가지 요소밖에 없습니다.

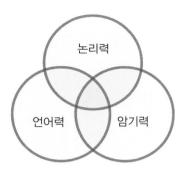

그 세 가지는 바로 논리력과 언어력 그리고 암기력입니다.

그렇다면 이 세 가지 요소가 각각 다른 능력일까요? 그렇지 않습니다. 서로 관련 있어서, 한 가지를 단련하면 다른 두 가지 능력 또한 저절로 향상됩니다.

그 증거로 한 가지 예를 들어보지요.

논리사고를 익히면
도쿄 대학 합격도 가능하다

논리사고를 하면 도쿄 대학 합격도 가능합니다. 논리력을 다지면 공부에 필요한 언어력과 암기력을 익힐 수 있기 때문입니다.

도쿄 대학 입시에서는 논리사고가 필요 없는 문제가 단 한 개도 출제되지 않습니다.

수학이나 과학에서는 논리사고가 당연히 필요합니다.

영어나 국어 역시 매우 논리적입니다. 문장이란 마구잡이로 말을 늘어놓는 것이 아니라 문법이라는 논리를 사용해서 기술하기 때문에 문법의 힘을 다지면 읽지 못하는 글이 줄어듭니다.

또 각각의 문장도 논리적이지만, 전체 문장도 매우 논리적으로 구성되어 있습니다.

"아니, 단어나 숙어를 외워야 문장을 읽을 수 있지"라며 반론

하는 분도 계시겠지만, 단어나 숙어 암기도 논리사고를 이용하면 아주 수월합니다. 소위 말하는 통암기로 대처할 수도 있겠지만, 논리적으로 외우면 암기 속도가 몇 배는 빨라집니다.

그렇다면 사회 같은 암기 과목은 어떨까요?

연호나 인명, 사건명을 오로지 암기하는 과목이라고 생각할 수도 있는데, 이 또한 단어나 숙어처럼 논리적으로 외우면 아주 편합니다.

제4장에서 자세히 설명하겠지만, 암기력을 향상시키려면 지식과 지식 연관 짓기가 매우 유용합니다. 이것이 효율적인 암기법의 포인트지요. 다른 지식과 더 많은 연관을 지을수록 암기력이 향상되는데, 이때 논리가 매우 큰 도움이 됩니다.

저는 서른 살이 넘어 자신 없는 문과로 도쿄 대학 시험을 봤는데, 그때 역사나 지리 공부에 할애한 시간이 고작 일주일 정도였습니다(게다가 센터 시험* 직전이었죠). 논리력을 기르면 암기에 자신이 생깁니다.

_____
* 일본에서 각 대학 입시 전에 전국적으로 보는 시험. 우리나라의 수능에 해당한다.

'공부는 스토리의 이해와 암기'라고 할 수 있습니다. 국어나 영어의 장문 독해는 그야말로 스토리 이해이고, 수학이나 과학의 깊고 넓은 세계는 논리 스토리의 집합입니다. 그 스토리를 이해하기 위해서는 암기가 필요하고, 사회 과목은 앞서 설명한 대로 지식을 관련지어 스토리로 만들면서 외웁니다. 이 모든 것에 관계하는 것이 논리력입니다.

중요한 부분이니 다시 강조하겠습니다. 논리를 다지면 언어력과 암기력도 향상됩니다.

이렇게 설명하면 논리로 해결할 수 없는 것이 거의 사라집니다. 도쿄 대학 합격도 논리사고를 하면 가까이 다가오지요.

논리사고를 하면
세상이 다르게 보인다

도쿄 대학에 지원하기 위해 이 책을 읽는 분은 거의 없겠지만, 한 가지 예를 들어보겠습니다.

논리사고를 익히면 동시에 언어력과 암기력도 기를 수 있다고 이야기했는데, 구체적으로 어떤 도움이 될까요?

기대하는 대로 업무에 활용할 수 있습니다.

상사나 고객에게 알기 쉽게 설명하지 못하고 하고 싶은 말을 제대로 전달하지 못할 때가 많습니다. 그럴 때 논리적으로 말할 수 있다면 어떨까요? 논리적 사고를 활용해 비즈니스 플랜을 생각하고 메일이나 문장의 작성 시간을 단축하면 얼마나 좋을까요?

암기력이 향상되면 상품 지식이나 고객 정보도 쉽게 파악할 수 있고, 언어력이 향상되면 프레젠테이션을 간단하고 명쾌하게 할 수 있을 것입니다.

　그 밖에 자격시험 공부를 할 때도 수월합니다. 공부에 필요한 세 가지 힘이 향상되니 당연하지요.

　육아에도 활용할 수 있습니다. 부모의 수준이 올라가면 자녀의 수준도 올라갑니다. 부모가 끊임없이 수준을 올리고자 하는 가정의 자녀는 부모를 존경하고 말을 잘 듣는 경향이 아주 강합니다.

　이처럼 논리사고를 익히면 주변의 다양한 것이 변화할 가능성이 있습니다. 틀림없이 세상이 다르게 보일 것입니다.

왜 수학을
싫어하는 사람이 생길까?

　그런데 수학을 싫어하는 사람은 왜 생길까요?

　다양한 이유가 있겠지만, 그중 하나로 '학교 수업이 맞지 않는다'는 점을 들 수 있을 겁니다. 혹시 학교 수학이 일부러 재미없게 구성되어 있다는 사실을 아시나요?

　현장 선생님들은 대부분 어떻게 하면 수학을 즐겁게 배울 수 있을지 매일 연구하고 실천하고 있어 정말 존경스럽습니다.

　그러나 학교 시스템 자체가 반드시 수학을 싫어하는 사람이 생기도록 짜여 있기 때문에 선생님들의 노력이 충분히 반영되지 않습니다.

　그 이유는 시험 때문입니다.

　서두에서도 언급했듯이 학교의 수학 수업은 일반적으로 선생님이 교과서 예제를 설명하고 학생들은 유사 문제를 푸는, 즉 문제 연습을 중심으로 진행됩니다.

그런데 왜 이런 식으로 진행해야만 할까요?

시험이 있기 때문입니다.

선생님이 아무리 수학을 즐겁게 가르치려고 마음먹어도 시험에서 좋은 점수를 받는 것이 우선이다보니 문제 연습이나 계산 훈련에 많은 시간을 들여 재미난 배경 이야기나 논리사고와 관련된 이야기는 최소한으로 줄일 수밖에 없습니다.

또 시험을 치르는 이상 반드시 점수로 결과가 나타나기 때문에 높은 점수를 받은 아이는 수학을 좋아하게 되고, 점수가 좋지 않은 아이는 싫어하게 됩니다.

이렇게 해서 수학을 싫어하는 아이가 계속 생기는 거지요.

논리와 수학만큼
재미난 세상은 없다!

그러나 저는 크게 외치고 싶습니다.

"수학은 재미있습니다!"

세상에는 많은 '수학 광'이 있습니다.

그들은 차의 번호판을 보면 사칙연산을 사용해 10이 되도록 계산하고, 소수를 발견하면 기뻐합니다. 가수의 콘서트에 가기보다 수식을 보는 것이 즐겁다는 사람도 있습니다.

이는 수학이 재미있기 때문입니다. 심오하고 아름다운 수학의 세계를 한번 맛보면 그 매력에서 헤어나오기가 어렵습니다.

수학은 논리의 학문입니다. 논리를 차곡차곡 쌓는 일은 즐겁지요.

이 책에는 학교에서 알려주지 않는 수학 이야기나 일상생활에서 사용되는 수학 이야기를 듬뿍 담았습니다.

'아, 그랬던 거구나' 하고 발견하거나, '아하, 그렇구나' 하고 깨달으면서 즐겁게 읽었으면 좋겠습니다.

이 책 전체적으로 중1의 간단한 수학을 재료로 삼고 있는데, 제2장에서는 논리사고를 익히고자 하고, 제3장에서는 수학과 관계없어 보이는 언어력 이야기를 하고, 제4장에서는 수학 공부를 하면서 암기력까지 배우겠습니다.

배움의 비결은 즐겁다는 것입니다. 학교 공부처럼 눈썹을 잔뜩 찡그리고 고개를 끄덕끄덕하는 것이 아니라 수학의 재미를 느끼고 즐기세요.

한 가지 좋은 소식을 말씀드리자면, 이 책에는 시험이 없습니다.

교과서를 따른 내용입니다!

중1 수학 단원은 다음과 같습니다. *

제1장	양수와 음수
제2장	문자와 식
제3장	일차방정식
제4장	비례와 반비례
제5장	평면도형
제6장	입체도형
제7장	자료 정리와 활용

이 책에서는 중1 수학의 모든 단원을 빠짐없이 다루면서 간단한 해설을 덧붙일 것입니다.

제2장에서는 양수와 음수, 평면도형, 입체도형을 다루고, 제3장에서는 문자와 식을, 제4장에서는 평면도형, 입체도형, 일차방정식을, 제5장에서는 비례와 반비례, 자료 정리와 활용을 다룰 것입니다.

그러므로 이 책을 읽으면 중1 수학의 전반적인 내용을 이해할 수 있을 겁니다.

---

* 일본 중학교 1학년 수학 교과서이므로 각 장의 제목은 우리나라 교과서와 약간 차이가 있으나 내용은 거의 비슷하므로 그대로 따릅니다.

제 2 장

중1 수학으로
논리력
단련하기

'공통점', '차이점', '순서'로
논리사고를 마스터할 수 있다

제1장에서 충분히 뜸을 들였기 때문에 이제 본론으로 들어가겠습니다.

이미 논리사고, 논리력, 로지컬 싱킹^{logical thinking} 등 다양한 책이 나와 있습니다. 저도 몇 권 애독하고 있지만, 노하우가 너무 많아 오히려 써먹기 힘들다는 느낌이 들었습니다.

더 심플하게, 되도록 간단하게, 그리고 아이들도 알 수 있는 언어로 표현할 수 없을까 고민하며 시행착오를 겪던 중, 생각지도 못한 곳에서 힌트를 얻었습니다.

이 책은 수학을 통해 논리력을 습득하기 위해 쓴 것입니다. 독자 여러분도 논리가 일상생활이나 업무 현장에서만 통하리라고는 생각하지 않겠지요.

논리란 수학에도 등장하고, 문장을 읽고 쓸 때도 필요하며, 과학이나 사회, 경제나 법률 분야에서도 중요합니다. 어떤 분야에서든 반드시 필요한 것이 논리라고 할 수 있습니다.

저도 틈틈이 짬을 내어 다양한 분야의 공부를 조금씩 해왔지만, 논리가 심플하게 정리되어 있다고 생각한 계기는 국어 현대문*이었습니다.

현대문은 수학과 마찬가지로 논리 과목이라고 불립니다. 현대문에서는 필자의 의도 파악이 가장 중요한데, 그 필자의 의견은 대부분 통설을 비판하면서 전개됩니다. 즉, '필자의 주장 vs. 통설'이 현대문의 기본적인 구조입니다.

하지만 이 대결은 무법지대에서 펼쳐지는 무차별적 싸움이 아니라 룰을 따르는 스포츠에 가깝다고 할 수 있습니다.

필자가 통설과 같은 주장을 펼치기도 하지만 근본적인 부분에서는 통설과 다른 주장을 하고, 그것을 독자에게 논리적으로 이해시키는 것이 하나의 형식입니다(덧붙이자면 필자의 주장이 반드시 통설에 승리하는 형식이라고 할 수 있습니다).

이 형식에 다양한 주제의 내용을 집어넣으면 하나의 평론문

───────
*일본 고등 국어 교육과정 중 하나로서, 국어 교육과정은 현대문, 고전, 한문으로 세분화되며, 현대문은 한국의 교육과정과 비교시 현대문학에 해당한다.

이 완성됩니다.

그 형식을 파악하는 것이 현대문의 독해이며, 문장으로 쓰는 것이 소논문입니다.

그 형식에서 읽어내야 할 포인트가 세 가지 있습니다.

① 필자의 주장과 통설이 같은 부분, ② 필자의 주장과 통설이 다른 부분, ③ 필자의 주장이 통설보다 뛰어난 이유입니다.

이를 다른 상황에서도 통용되는 말로 더 심플하게 바꾸면, '공통점', '차이점', '순서'라고 할 수 있습니다.

이 세 가지가 바로 논리의 기본이라고 할 수 있습니다.

참고로 이 책은 수학과 논리력을 주제로 하는데, 저는 본업인 입시 교육에서 거의 전 과목을 지도합니다. 그리고 수학과 비슷할 정도로 국어 독해 수업도 평판이 좋고, 가장 단기간에 성적을 크게 올릴 수 있는 과목 역시 국어 독해입니다(국어는 수학보다 습득하는 기술이 압도적으로 적기 때문입니다).

이 책에서는 다양한 상황에서 '공통점', '차이점', '순서'를 연결해 설명하려고 합니다. 즉, 이 세 가지 가르침을 습득하도록 하는 것이 이 책의 목적입니다. '뭐야, 그런 거였어?' 하고 생각할지도 모르지만, 넓고 깊으며 아주 편리한 사고법입니다.

'공통점', '차이점', '순서'에 대해 막연하게 느껴질 수도 있지만, 논리사고의 바탕이 되는 부분이니 자세히 설명하겠습니다.

'공통점'이란 두 가지 사물에서 같은 점을 찾는 것입니다. 꼭 같지 않더라도 유사한 부분을 찾으면 됩니다.

'차이점'이란 두 가지 사물의 다른 점을 찾는 것입니다. 어떻게 다른지, 무엇이 다른지, 어느 정도 다른지 등 'What'이나 'How' 등을 덧붙여서 생각하는 것이 중요합니다.

그리고 '순서'는 어느 쪽이 먼저인가(나중인가)뿐 아니라 시계열*로 어느 쪽이 과거인가(미래인가), 또는 인과관계가 어떻게 구성되는가도 포함합니다. 논리 세계에서는 그중에서 특히 인과관계가 중요합니다. 원인이 있고 결과가 따르기 때문에 원인이 먼저 오고 결과는 나중에 옵니다. 그 밖에 어느 쪽이 큰가(작은가), 어느 쪽이 우선인가 등도 포함됩니다.

덧붙여서 수학은 논리의 학문이며 인과관계의 연속입니다. '인과관계가 있습니다'라든가 '순서를 의식합시다'라는 말을 일일이 쓰려면 너무 번거롭습니다. 따라서 이 책에서는 세세한 부분의 '순서'는 생략하고, 특별히 주의해야 할 부분만 골랐다는

———
* 시간의 경과에 따라 관측된 값의 계열.

점을 염두에 두기 바랍니다.

이 세 가지 요소를 항상 의식하면서 사물을 보면 논리력이 쑥쑥 올라갈 것입니다. 살다보면 결과만 지시하고 과정을 설명해주지 않는 일이 흔합니다. 입시 공부에서는 "단어를 외워라"라고 지시하면서 암기법을 가르쳐주지 않거나 "공부를 더 해라"라고 지시하면서 결과가 잘 나오는 공부법을 가르쳐주지 않는 일이 수두룩합니다. 어른이 되고 나서도 "머리를 써서 생각해라"하면서 정작 머리 쓰는 법은 가르쳐주지 않습니다.

그럴 때 '공통점', '차이점', '순서'를 활용해 생각해보세요. 흐릿하게 보거나 듣는 것이 아니라 무엇이 같고 무엇이 다르며 무엇이 먼저인지 정리하는 것이 논리사고입니다.

미키마우스와 피카추의
'공통점', '차이점', '순서'

백문이 불여일견이라고 했으니 예를 들어보겠습니다.

미키마우스와 피카추의 '공통점', '차이점', 순서'는 무엇일까요?

일단 '공통점'은 둘 다 가상의 캐릭터라는 점입니다. 귀엽다, 인기가 있다, 어린이가 좋아한다 등을 '공통점'에 포함해도 좋을 것입니다. 그런데 둘 다 쥐를 모티브로 한 캐릭터라는 사실은 의외로 사람들이 잘 모르는 점입니다. 둘 다 캐릭터로 만들어져 우리 생활 속에 녹아들어 있기 때문에 잘 알아차리지 못하는 거지요.

그럼 '차이점'은 무엇이 있을까요? 미키마우스는 미국에서 탄생했고 피카추는 일본에서 태어났습니다. 미키마우스는 영화의 애니메이션 캐릭터에서 나왔지만 피카추는 게임 캐릭터입니다. 그리고 미키마우스는 인간의 언어를 구사하지만 피카추는 말을 하지 못합니다.

포켓몬스터는 휴대용 게임기의 선구자인 '게임보이'용 소프트웨어로 발매된 게임입니다. 이 게임에서 피카추의 울음소리는 '삐'라고 해야 할지 '까'라고 해야 할지, 글자로는 표현하기 어려운 기계음이었습니다. 그런데 애니메이션으로 만들어지면서 뚜렷하게 '피카추'라고 발음하게 되어 놀랐습니다.

그렇지만 '피카'라든가 '피카추'라고만 하지 인간처럼 말을 하지는 못합니다. 인간의 말을 하지 못하면서 전 세계적으로 인기를 얻는 캐릭터라는 점에서 정말 대단합니다.

이제 '순서'로 넘어가겠습니다. 미키마우스가 먼저 이 세상에 등장했고, 피카추가 나중에 등장했다는 점이 떠오르겠군요. 미키마우스가 스크린에 데뷔한 것은 1928년인 데 비해 피카추는 1996년에 등장했습니다. 미키마우스가 더 먼저 나왔다는 점뿐만 아니라 다른 부분에서도 '순서'를 생각할 수 있습니다.

예를 들어 키를 생각해볼까요. 미키마우스는 103센티미터로 설정되어 있는데, 피카추는 40센티미터라고 합니다. 따라서 미키마우스의 키가 더 크고 피카추는 더 작다는 사실을 알 수 있습니다. 그리고 몸무게로 따지면 미키마우스가 약 10킬로그램인 데 비해 피카추는 6킬로그램입니다. 미키마우스가 더 무겁다는 비교도 가능하겠네요.

'공통점', '차이점', '순서'가
논리사고의 본질

　이처럼 '공통점', '차이점', '순서'를 의식해서 생각했더니 새로운 것을 발견할 수 있었습니다. 이것이 논리의 기본입니다.

　사전에서는 '논리'를 '말이나 글에서 사고나 추리 따위를 이치에 맞게 이끌어가는 과정이나 원리'라고 정의합니다. 즉 'A가 있는데, 그것이 B가 되고, 결국 C가 되니까…'라며 짚어나가는 이치를 말합니다.

　눈치채셨나요?

　한 가지 사물에만 머물러서는 논리사고가 불가능합니다. A에만 머물러 있으면 이야기가 발전하지 않지요. 반드시 여러 개의 사물이 등장합니다. A 다음에 B라는 결론을 이끌어내고, 다음으로 C가 되는 식으로 계속 화제가 바뀝니다. 따라서 여러 가지 사물이나 조건의 비교는 논리사고의 기본입니다.

이때 '공통점', '차이점', '순서'가 매우 유용합니다. 공통점을 찾은 다음 차이점을 찾고, 나아가 어떤 관계인지 찾습니다. 두 가지 사물을 비교할 때 이것보다 심플하고 본질적인 표현은 없지요. '공통점', '차이점', '순서'를 철저하게 의식해서 사물을 파악하는 것이 논리사고의 지름길입니다.

또 논리사고에서 반드시 언급되는 구체화, 추상화나 귀납법, 연역법도 설명할 수 있습니다.

간단히 정리하면, 법칙의 발견을 추상화 또는 귀납법이라 하고, 법칙의 적용을 구체화 또는 연역법이라고 합니다.

그림에서 구체적 사례인 A와 B와 C를 나열했을 때 '같은' 특징을 찾아냈다면 그것이 바로 법칙입니다. 이를 '추상화'라고 부르며 이러한 방법을 '귀납법'이라고 합니다.

목이 긴 기린 세 마리가 있습니다. 일린이, 이린이, 삼린이를 관찰하다가 '기린은 목이 길다'라는 '공통점'을 발견했습니다.

여기서 A와 B와 C에 들어맞는 '공통' 법칙을 D에도 적용하는 것을 '구체화'라 하고, 이 방법을 '연역법'이라고 부릅니다.

앞서 발견한 '기린의 목은 길다'라는 법칙으로 미루어 사린이도 목이 길 것이라고 추측하는 것이 연역법이지요.

이처럼 '공통점'을 발전시키면 귀납법이나 연역법을 이해할 수 있습니다.

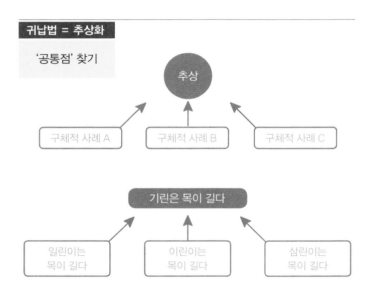

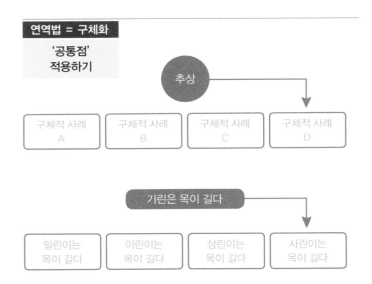

양수와 음수는 '공통점', '차이점', '순서'가 어떻게 될까?

그렇다면 지금까지 한 이야기를 염두에 두고 중1 수학 내용으로 들어가볼까요.

중1 수학 교과서를 펼치면 맨 먼저 '양수와 음수[*]'라는 단원이 등장합니다. 양수란 플러스, 음수란 마이너스를 말합니다.

여기에서는 먼저 '음수'를 정의하겠습니다.

교과서에는 처음 나오지만 우리는 일상생활에서 이미 음수를 접하고 있었습니다. 겨울 기온을 예로 들어보겠습니다. 텔레비전이나 인터넷 등의 일기예보 화면에서 본 적 있을 것입니다. 도쿄에서도 겨울철에는 기온이 영하로 떨어지는 일이 있고, 홋카이도는 매일 영하입니다.

———
[*]일본 중1 수학 교과서에서 맨 처음 나오는 단원으로 우리나라 교육과정 순서와는 다를 수 있다.

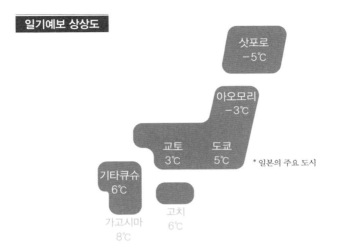

일기예보 상상도

삿포로
−5℃

아오모리
−3℃

교토
3℃

도쿄
5℃

* 일본의 주요 도시

기타큐슈
6℃

고치
6℃

가고시마
8℃

그림(수직선)으로 나타내면 다음과 같습니다.

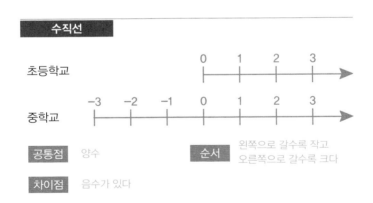

수직선

초등학교

0 1 2 3

중학교

−3 −2 −1 0 1 2 3

공통점 양수

차이점 음수가 있다

순서 왼쪽으로 갈수록 작고
오른쪽으로 갈수록 크다

초등학교와 중학교의 '공통점'은 0의 오른쪽에 있는 양수 부분입니다. 그리고 '차이점'은 음수가 있느냐 없느냐입니다.

'순서'는 왼쪽으로 갈수록 작아지고 오른쪽으로 갈수록 커진다는 점입니다.

이처럼 지금까지 자신이 알고 있던 지식과 무엇이 '같고' 무엇이 '다른지', 어떤 '순서'로 되어 있는지 체크하면서 배우는 것이 중요합니다.

같은 것은
외우지 않아도 되는 법칙

이 법칙은 특히 암기할 때 위력을 발휘합니다.

암기력에 대해서는 제4장에서 자세히 다루고 여기서는 맛보기로만 살짝 소개할게요.

암기를 어려워하는 아이의 특징을 몇 가지 들어보겠습니다.

- 교과서를 하나부터 열까지 통째로 외우려고 한다.
- 되도록 적은 양으로 끝내려고 한다.
- 암기 공부 시간에만 암기한다.
- 문제를 풀지 않는다.
- 뜻을 생각하지 않는다.
- 암기에서 벗어나지 못한다.
- 머릿속을 정리하지 않는다.

- 겨우 외웠는데 바로 잊어버린다.

'앗, 내 얘기잖아?' 하는 분들에게는 죄송합니다.

하지만 안심하세요. 제4장에서 이 모든 문제를 해소해줄 해결책을 설명할 테니까요(물론 중1 수학을 교재로 삼아서요).

자세한 설명은 제4장에서 하기로 하고, 여기서는 한 가지만 기억하세요.

'같은 것은 외우지 않아도 된다'라는 법칙입니다.

예를 들어 교과서를 하나부터 열까지 외우려는 아이가 있는데, 사실 교과서에는 이미 외운 내용이 꽤 중복해서 등장합니다.

수업을 들으면 기억이 하나도 안 나는 일은 없습니다. '이거 선생님이 얘기했던 것 같은데?' 정도로는 기억이 날 것입니다.

그러나 시험 전에 다시 암기할 때, 선생님이 한 이야기를 전혀 떠올리지 않고 모두 새로운 정보로 받아들여 암기하는 아이가 있습니다.

그러면 방대한 양을 암기해야 하기 때문에 결국 시험 범위를 끝내지 못하고 시험을 보게 돼 성적이 나오지 않습니다.

반면에 암기를 잘하는 아이는 교과서를 과감히 넘기며 공부해 외운 부분은 넘어가고 외우지 못한 부분만 외웁니다.

그러면 엄청난 양으로 보였던 암기량도 절반 또는 그 이하까지 줄일 수 있습니다. 그렇게 되면 시험 전에 공부를 마칠 수 있으니 자연스레 성적이 좋아지겠지요.

암기에 서투른 아이에게 공부량이 부족하니 공부를 더 하라고 지도하는 경우가 많은데, 반은 맞고 반은 틀린 말입니다.

가장 효과적인 방법은 '방법을 바꾸고 공부량도 늘리는' 것입니다.

대부분 암기법을 배운 적 없이 자기 방식대로 해왔을 텐데, 약간의 비결을 잡으면 편해지니 제4장을 꼭 기대해주세요.

자신이 알고 있는 지식과 연관 지으면 마음의 부담이 적어져 어려운 것도 쉽게 받아들일 수 있습니다.

앞서 마이너스를 설명할 때 일기예보를 예로 든 것도 일부러 중1 학생이 이미 알고 있는 지식과 '같은' 것으로 선택한 것입니다.

중1 학생에게 회사 수지보고서를 예로 들어 흑자가 플러스이고 적자가 마이너스라고 설명한다면 어안이 벙벙할 것입니다.

'아, 일기예보와 〈같은〉 법칙으로 생각하면 되는구나'라고 생각하게 하는 것이 가르침의 포인트지요.

암기를 잘하는 학생은 선생님이 일기예보 그림을 사용해서 이런저런 설명을 해도 '어차피 내가 아는 사실이랑 〈같은〉 거잖아' 하며 설명을 잘 듣지 않습니다. 그것으로 충분합니다.

새로운 지식이라 믿어 전부 흡수하려고 하면 머리에 과부하가 걸릴 수 있습니다.

공부든 일이든 어깨에 힘 빼는 법을 익히는 것이 중요합니다.

스토리로 만들면
어려운 것도 간단해진다

이제 계산 방법으로 들어가겠습니다.

계산 방법은 누구나 알고 있을 겁니다. 하지만 우리의 목적은 계산 방법을 습득하는 것이 아니라 '공통점', '차이점', '순서'를 어떻게 사용하는지 이해하는 것입니다. 차근차근 설명해 다소 지루할 수도 있지만 이해를 돕기 위한 것이니 양해 부탁드립니다.

수학 계산식에서는 '괄호 안'을 가장 먼저 계산합니다. 괄호를 먼저 푼 다음 전체로 넘어가는 '순서'로 계산해야 합니다.

괄호 풀기 (1)

$(+3) = +3 = 3$ 　`차이점` +일 때는 지운다 ◀초등학교 때 배운 것과 같다 `공통점`

$(-3) = -3$ 　　　　 −일 때는 남긴다 ◀새로 등장 `차이점`

`공통점` 괄호를 푼다

두 가지 계산을 예로 들었는데, '다른' 법칙이 있습니다. 괄호를 푼 뒤 플러스 부호(+)가 남아 있을 때는 플러스 부호를 지우지만 마이너스 부호(−)가 남아 있으면 지우지 않습니다.

'공통점'은 외우지 않아도 되지만, '차이점'은 중요한 것이니 외워야 합니다.

따라서 선생님도 강조하고 학생들도 주의해야 하는 부분이지요.

그런데 '다른' 법칙 가운데 한쪽은 사실 과거 지식과 '같다는 점'을 알면 어떨까요?

플러스 부호를 지운다는 사실을 처음 보나요?

아닙니다. 초등학교 때 썼던 방법과 '같습니다'.

초등학교 때도 3 앞에 + 부호를 쓰지 않았을 것입니다. 그와 똑같은 법칙을 중학교 때도 사용하는 것뿐입니다.

플러스만 지우고 마이너스는 남긴다고 생각하면 '다른' 법칙이기 때문에 외워야 하지만, 초등학교 때와 '같다'고 생각하면 외우지 않아도 됩니다.

양수는 초등학교 때와 '같은' 법칙을 적용하기 때문에 플러스를 쓰지 않습니다. 반면 마이너스 부호는 중학교 때 처음 등장했고, 생략하면 플러스인지 마이너스인지 알 수 없기 때문에 생략하지 않습니다.

이제 마이너스를 남기는 이유가 이해되지요?

이처럼 새로 등장한 지식이나 정리한 지식에 자신만의 이유를 붙이는 것도 아주 중요합니다.

서두에서 인과관계도 '순서'라고 했는데, 바로 이 부분에 대한 내용입니다.

결과만 이해하고 외우는 것이 아니라 원인까지 동시에 보는 것이 논리력의 큰 포인트입니다.

'순서'나 인과관계를 이해하면 뿔뿔이 흩어져 있는 정보가 하나의 스토리로 뭉칩니다. 제1장에서도 말했듯이 '공부는 스토리의 이해와 암기'입니다.

공부를 효율적으로 소화해 단시간에 성과를 내는 것은 업무에서도 활용할 수 있는 훈련입니다. 다시 말하지만, 중1 수학은 논리의 기초이자 기본입니다. 이것을 이해하면 실생활에 유용한 포인트가 반드시 기다리고 있을 것입니다.

마이너스와 마이너스를 곱하면
왜 플러스가 될까?

　수학 설명을 하는 줄 알았는데 책이 어느 순간 논리력과 연결되어 진행되지요.

　이번에는 조금 더 복잡한 괄호 풀기에 도전해볼까요. 살짝 속도를 내보겠습니다. 다음 식을 보세요.

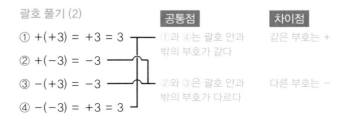

　이번에는 괄호 왼쪽에 플러스 부호나 마이너스 부호가 붙어 있습니다. 어떤 법칙이 있을까요?

　학생에게 물어보면 대부분 "같은 부호일 때는 + 가 되고 다른 부호일 때는 − 가 된다"라고 대답합니다.

　①은 ＋ 와 ＋ 가 만나 ＋, ④는 − 와 − 가 만나 ＋ 가 되지만, ②와 ③은 ＋ 와 − 가 만나 − 가 됩니다.
　원래 계산식은 네 개지만, '공통점'과 '차이점'을 따졌더니 법칙이 두 개로 줄어들었습니다. 정리되었다는 것은 추상화(귀납)되어 간략한 법칙이 되었다는 뜻입니다.

　이 책의 주제에서 벗어나긴 하지만, 자주 받는 질문이 있습니다. "왜 마이너스와 마이너스를 곱하면 플러스가 되나요?"
　양수와 음수는 수직선에서 생각할 수 있다고 45쪽에서 이야기했습니다. 수학에서는 오른쪽으로 나가는 것을 플러스, 왼쪽으로 나가는 것을 마이너스라고 생각합니다.

　여기에 한 가지 법칙을 덧붙이겠습니다. '마이너스를 곱하면 반대 방향으로 간다'는 법칙입니다.
　예를 들어 마이너스를 곱한다는 것은 '뒤로 돌아'라고 명령하는 것과 같습니다. 마이너스를 두 번 곱하면 뒤로 돌아를 두 번 하기 때문에 원래 방향으로 돌아갑니다. 마이너스를 세 번 곱하면 뒤로 돌아를 세 번 하기 때문에 원래와 반대 방향을 향합니다.

이해하기 쉽게 그림으로 나타내면 다음과 같습니다.

마이너스 × 마이너스 = 플러스

− 방향 ⟶ + 방향

예시 ① −(+3) = −3인 이유

② 뒤로 돌아 왼쪽 방향으로 3만큼 옮겼다　① 오른쪽으로 3만큼 가려고 했지만…

$$-3 \quad -2 \quad -1 \quad 0 \quad 1 \quad 2 \quad 3$$

예시 ② −(−3) = +3인 이유

① 왼쪽으로 3만큼 가려고 했지만…　② 뒤로 돌아 오른쪽으로 3만큼 옮겼다

$$-3 \quad -2 \quad -1 \quad 0 \quad 1 \quad 2 \quad 3$$

예시 ③ (−1) × (−1) × (−1) × (+3) = −3인 이유

② 뒤로 돌아를 세 번 해서 왼쪽으로 3만큼 옮겼다　① 오른쪽으로 3만큼 가려고 했지만…
2회
1회
3회

$$-3 \quad -2 \quad -1 \quad 0 \quad 1 \quad 2 \quad 3$$

양수와 음수의
계산 법칙을 보자

이번에는 계산 법칙을 볼까요?

다음의 예와 같이 초등학교 계산 법칙과 비교하면서 보세요.

'공통점'은 무엇이고 '차이점'은 무엇일까요?

계산 법칙

공통점

① (+3) + (+5) = +8 = 8 ── 같은 부호의 덧셈

② (+3) + (−5) = −2 ── 차이점

③ (−3) + (+5) = +2 ── 다른 부호의 덧셈

④ (−3) + (−5) = −8 ──

차이점

부호는 그대로 큰 숫자의 부호로	숫자는 덧셈 (5 + 3) 숫자는 뺄셈 (5 − 3)
⇓	⇓
'큰 숫자'라는 법칙으로 통일해도 상관없다	초등학교 때와 같은 계산

①과 ④를 보세요. ①은 양수＋양수, ④는 음수＋음수입니다. 즉, ①과 ④의 공통점은 '같은 부호끼리의 덧셈'입니다.

즉, 부호는 더한 숫자들이 원래 갖고 있던 부호와 같은 부호를 유지하고, 숫자들끼리는 서로 더한다는 것이 결과의 '공통점'입니다.

다음은 ②와 ③에 주목해 똑같이 생각해보겠습니다.

②는 양수와 음수의 덧셈, ③은 음수와 양수의 덧셈이니 둘 다 '다른 부호의 덧셈'입니다.

그리고 ＋3과 －5의 덧셈 결과는 마이너스가 되고, －3과 ＋5의 덧셈은 플러스가 되기 때문에 둘 다 '큰 숫자의 부호'가 된다는 것이 결과의 '공통점'입니다. 숫자의 계산 결과는 2이기 때문에 5－3이라는 뺄셈을 했습니다.

작은 법칙에서
큰 법칙을 찾자!

네 가지 계산에서 두 가지 법칙을 발견했습니다.

(A) 같은 부호가 있는 숫자 계산에서는 부호를 그대로 유지한 채
숫자를 더한다.

(B) 다른 부호가 있는 숫자 계산에서는 숫자가 큰 쪽의 부호를 따
르고 큰 수에서 작은 수를 뺀다.

더 깊이 들어가면 한층 통일된 법칙을 발견할 수 있습니다.
떠올려보세요.

초등학교에서 중학교로 올라와 마이너스 부호가 등장한다는
것을 새로 배우게 됩니다. 앞서 소개한 것처럼 '같은 것은 외우
지 않아도 되는 법칙'이 있기 때문에 여기에서 주목해야 할 점
은 계산이 아니라 부호를 가르치는 방법입니다.

예를 들어 '큰 수의 부호를 쓴다'라고 하면 어떨까요?

(A)처럼 부호가 같을 때는 어느 부호를 골라도 상관없습니다. 그래서 (B)의 법칙을 (A)에 적용해도 상관없지요.

이렇게 하니 두 개였던 법칙이 하나로 줄어들었습니다.

하나로 통일된 법칙

큰 수의 부호를 선택하고, 나머지는 초등학교 때 했던 계산과 똑같다.

이렇게 해서 법칙 하나로 모든 계산을 할 수 있게 되었습니다. '공통점'과 '차이점'을 나눠 생각해 큰 법칙을 만들었고 머리 쓰기도 간단해졌습니다.

이 법칙을 일상생활이나 업무 현장에도 적용할 수 있습니다.

그때그때 경험한 성공 사례나 실패 사례의 인과관계(순서)를 파악해 공통점을 찾으면 법칙이 조금씩 보입니다.

그리고 법칙을 알아내면 업무가 원활하게 진행되고 직원이나 자녀를 지도하는 실력도 향상됩니다.

일상생활은 수학처럼 간단하지 않다고 생각할 수도 있습니다. 맞습니다. 수학은 심플하고 논리적이기 때문에 연습 문제를 만들 수 있는 것입니다.

중1 수학은 엄청 복잡한 계산이나 공식이 나오지 않기 때문에 논리력을 연습하는 문제로 충분히 활용할 수 있습니다.

참고로 학교나 학원에서는 '부호를 계산한 다음 숫자 계산을 한다'는 '순서'에 따라 계산 훈련을 시킵니다. 그 이유는 인간의 뇌가 동시에 여러 가지 일을 생각하기 힘들어해서 실수가 생길 수 있기 때문입니다. 아주 이치에 맞는 방법이지요.

업무 현장에서 동시에 여러 가지 일을 신경 쓰다 간혹 실수하는 경우가 있는데, 이러한 것도 수학에서 배울 수 있습니다.

실수를 줄이는 방법은 제4장에서 자세히 설명하겠지만, '올바른 순서로 반복하기'가 가장 중요합니다. 수학에서는 당연한 일이지만, 일상생활에서도 활용하고 있나요?

이런 식으로 생각하면 수학이 일상생활이나 업무에 도움이 된다는 이야기는 끝도 없이 많습니다. '시험을 위한 공부'가 아니라 인생의 교양으로서 수학을 다시 배우면 매우 유용합니다.

중1 도형이
간단한 이유

그럼 이제 도형 이야기를 해볼까요.

중학교 수학은 대수와 기하로 나뉩니다. 대수 분야에서는 '양수와 음수', '일차방정식', '비례와 반비례' 등을 다루고, 기하 분야에서는 '평면도형'과 '입체도형'을 다룹니다.

혹시 중1 도형이 어떤 내용이었는지 기억하나요?

아마 대부분 잘 기억나지 않을 것입니다.

오래됐기 때문이기도 하지만, 아마 더 큰 이유는 '초등학교 때 배운 것과 거의 비슷하기 때문'일 것입니다.

사실 이 단원에는 초등학교 때 배운 것들이 대부분 다시 나옵니다.

점, 직선, 각, 원뿔, 삼각뿔 등의 도형 이름도 나오고, 입체도형의 겉넓이나 부피, 전개도 등도 나옵니다. 초등학교 때 배우지 않은 내용을 찾기가 더 힘들 정도입니다.

　이제 여러분도 익숙해졌을 '같은 것은 외우지 않아도 되는 법칙'이 있습니다.

　이미 아는 내용을 자꾸 설명하면 기억에 남지도 않을뿐더러 지루하다고 느낍니다. 따라서 학생들과 이야기할 때 중1 도형에서 무엇을 배웠는지 물어보면 잘 기억나지 않는 듯이 대답합니다. 하지만 중1 도형은 대략 초등학교 때 배운 도형과 '같다'고 생각하면 됩니다.

평면도형

점　·
직선　——
각
원뿔
삼각뿔

초등학교 때와 같아 외우지
않아도 된다　**공통점**

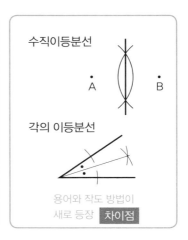

수직이등분선

·　　　　　　·
A　　　　　　B

각의 이등분선

용어와 작도 방법이
새로 등장　**차이점**

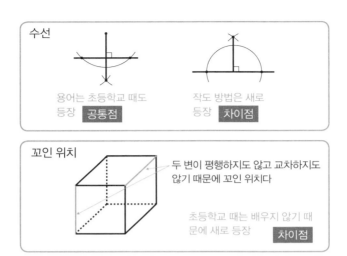

수선

용어는 초등학교 때도 등장 공통점

작도 방법은 새로 등장 차이점

꼬인 위치

두 변이 평행하지도 않고 교차하지도 않기 때문에 꼬인 위치다

초등학교 때는 배우지 않기 때문에 새로 등장 차이점

작도 문제 같은 것이 '차이점'입니다.

초등학교 때는 자나 컴퍼스 사용법만 배우는데 중1 때는 법칙이 엄밀하게 정해진 작도 문제를 풀게 됩니다.

이때 수직이등분선의 작도 방법, 각의 이등분선의 작도 방법, 수선의 작도 방법을 배웁니다. 또한 수직이등분선과 각의 이등분선이라는 용어는 중1 때 처음 나오기 때문에 이 부분도 초등학교 때와 '다른 점'입니다.

다른 예시 중에서 '꼬인 위치'가 눈에 띌 것입니다.

공간 안에서 교차하지도 않고 평행하지도 않는 두 직선을 '꼬인 위치'에 있다고 표현하는데, 이것도 초등학교 때는 나오지 않았던 것입니다.

이 작도와 꼬인 위치에 대해 학생들에게 물어보면 기억에 남는다고 대답합니다. 새로 나온 내용이기 때문이지요.

이처럼 초등학교 때와 무엇이 공통점이고 무엇이 차이점인지 따지면서 배우면 머릿속이 정리됩니다. 이미 아는 지식과 같을 때는 긴장을 늦춰주지만, 새로운 부분이 나오면 집중해서 배우는 것이지요.

완급을 조절할 줄 아는 배움의 자세가 중요합니다.

'공통점', '차이점', '순서'의 실천 사례
- 결과 이끌어내기

　특별히 '공통점', '차이점', '순서'를 이용한 실천 사례를 소개하겠습니다.

　저는 가정교사로도 일하고 학원도 경영하는데, 수학이나 영어 공부만 시키는 것이 아닙니다.

　각 과목의 내용을 가르치는 것보다 학생들의 학습을 관리하고 조언해주는 것을 중시합니다. 학생이 선수라면 저는 감독이나 코치인 셈이죠. 제가 하는 일은 컨설팅이나 코칭에 가까우니까요.

　그중에서도 특히 계획을 중시합니다. 업무도 그렇지만 공부에서 성과를 내기 위해서는 계획이 핵심 포인트입니다.

　계획은 다른 말로 하면 업무의 '순서'를 정하는 것입니다. 대부분 계획을 세우고 실행하는 방법에 따라 성공 여부가 결정됩니다. 특히 정기 시험처럼 단기간에 성과를 내야 할 때는 절대적인 효과를 발휘하지요.

그 방법을 공개하겠습니다.

시험 준비 기간에 들어가면 먼저 계획을 세웁니다. 다른 사람이 계획을 세워주면 깨기 쉬워 되도록이면 학생이 직접 세우게 하고, 저는 핵심만 조언합니다. 물론 좋은 결과가 나올 수준에 오를 때까지는 참견합니다.

그리고 시험을 본 뒤 꼭 하는 일이 있습니다.

먼저 시험 문제와 답안지를 모두 받아 전 과목의 모든 문제를 훑어봅니다.

그런 다음 학생 개개인에게 왜 틀렸는지 묻습니다. 인과관계, 즉 '순서'를 묻는 것이지요.

전 과목의 모든 문제에 관한 질의응답을 마치면, 반성하는 시간을 갖습니다.

주로 학생 스스로 반성하게 하는데, 제가 생각한 점도 얘기해 학생이 정리하도록 합니다. 반성이라고 하면 좋지 않았던 부분을 열거하는 경우가 많은데, 이는 좋지 않은 방법입니다. ① 잘한 점, ② 못한 점, ③ 못한 점의 개선책, 이렇게 세 가지를 반드시 나눠서 쓰게 합니다.

이 작업을 마치면 나중에 열람할 수 있도록 전용 노트나 파일에 정리해서 모아둡니다.

여기까지가 하나의 과정입니다. 계획을 세우는 단계나 실행 중, 결과가 나온 후에 제가 학생에게 던지는 질문은 정해져 있습니다.

- 이번 계획은 어떻게(사고의 순서) 세웠는가?
- 지난번 계획보다 공들인 점(차이점)은 무엇인가?
- 지난번의 반성을 적용한 부분(차이점)과 적용하지 못한 부분(공통점)은 무엇인가?

이 질문의 포인트는 어디에 있을까요?

논리적으로 행동을 결정하자!

흔히 논리의 반의어로 '감정'이나 '직관', '정서' 등을 사용합니다. 저도 아직 수행 중이긴 합니다만, 여러분은 평소에 어느 정도나 자신의 행동을 이성 또는 논리로 정하고 있나요?

아마 무심결에 먹고 싶은 음식을 집거나 졸리면 자는 등 감정이나 욕구에 좌우되는 일이 많을 겁니다.

앞에서 계획 세우는 방법을 소개했는데, 여기서 중요한 점은 과거의 계획과 다음 계획을 비교해 자신의 행동을 논리적으로 결정하는 것입니다.

계획은 논리적인 것처럼 보이지만, 의외로 감정에 치우쳐 '하지, 뭐!' 하고 결정하기 쉽습니다. 그러나 앞서 나온 세 가지 질문을 학생에게 던짐으로써 감정에 따라 결정한 일을 논리적인 계획으로 바꿉니다. 과거에 했던 반성을 다시 보고 개선을 반복하다보면 이상적인 상태에 아주 가까워질 수 있습니다.

저는 항상 자신에게 100점을 주지 말라고 말합니다. 물론 시험에서 100점을 받으면 아주 잘한 일이지만, 자신에게 100점을 주는 것은 좋지 않습니다.

자신에게 만족스러웠다면 99점을 줄 수도 있고, 형편없었다면 5점을 줄 수도 있을 것입니다.

그러나 만약 100점을 준다면 성장이 멈춰버립니다. 항상 반성과 대책을 반복해서 연구하는 것이 중요합니다.

그러기 위해서는 지난번과 '같은 일'을 하면 안 됩니다. 실패해도 좋으니 연구를 해야 합니다. 지난번과 '다른 일'을 시험해보고, '같은 실패'를 반복하지 않는 것이 공부에서 기본 중 기본입니다.

이는 업무에도 '똑같이' 적용할 수 있습니다. 실제로 제가 사회인이 된 후 습득한 방법을 입시 공부에 적용했더니 효과적이었습니다.

연구하고 실패하고 개선하고, 지난번과 '다른' 접근을 하면 지난번과 '다른' 결과를 얻습니다. 이 과정을 자연스럽게 행동에 옮긴다면 큰 성과를 거둘 수 있을 것입니다.

제2장 한눈에 보기

- 논리적인 사고법은 '공통점'. '차이점', '순서'.
- 법칙을 발견하는 것＝추상화＝귀납법.
- 법칙을 적용하는 것＝구체화＝연역법.
- '같은 것'은 외우지 않아도 된다.
- 계획이란 '순서'를 정리하는 것이다.

제 3 장

중1 수학으로
언어력
단련하기

충격의
'2 + 3 = 5'

이 장에서는 수학과 상관없어 보이는 언어력을 배울 것입니다. 언어력을 키우려면 국어나 영어를 공부해야지, 웬 수학이냐고 생각하는 분이 많을 것입니다. 그러나 한국어와 일본어가 언어라면 수학도 언어입니다. 무의식중에 사용하는 것을 분석하면 몰랐던 사실을 많이 발견할 수 있지요.

시험 삼아 다음 수식을 보겠습니다.

$$2 + 3 = 5$$

특별한 구석 하나 없는 덧셈식입니다. 그런데 이 덧셈식이 '수학'이라는 언어를 사용한 문장이라는 사실을 눈치챘나요?

학교에서는 '수학이 언어다'라는 사실을 가르쳐주는 경우가 별로 없어 우리는 인식하지 못하고 있지만, 수학은 언어입니다.

생각해보면 2나 3은 문자가 아니라, 아라비아 숫자라는 기호입니다.

우리는 숫자를 한자 一, 二, 三, 四…로도 표현하는데, 이 한자 표기는 한자를 쓰는 나라에서만 통합니다. 미국에 가서 五라고 쓴다면 알아주는 사람이 없을 것입니다.

그러나 '2 + 3 = 5'라는 수식은 세계 어느 나라에서나 통합니다. 따라서 수학을 국제어라고 부르기도 합니다. '2 + 3 = 5'는 한글도 아니고 영어도 아닙니다. 그 언어들과 아예 다른 언어라고 할 수 있지요.

'이 더하기 삼은 오'라는 문장을 수학 언어의 법칙에 따라 '2 + 3 = 5'라고 쓰기 때문에 마치 번역하는 듯하다는 생각이 들기도 합니다.

영어에서도 'Two plus three is five'라고 쓰고 '2 + 3 = 5'라는 수식으로 나타내 계산합니다.

이처럼 수학은 틀림없는 언어입니다.

섹시한 소수를
아시나요?

혹시 '섹시한 소수'라는 말을 아시나요?

매우 흥미를 자극하는 말이죠? 소수가 섹시하다니, 대체 이게 무슨 뜻일까요?

'섹시'를 생각하기 전에 '소수'를 먼저 설명하겠습니다.

소수란 '1과 자신 이외의 수로는 나누어떨어지지 않는 수'로 정의합니다. 이렇게 말하면 복잡하니 어떤 숫자로도 나누어떨어지지 않는 수라고 간단하게 생각해봅시다.

7은 2로도 3으로도 나누어떨어지지 않는 소수인데, 12는 2나 3이나 4나 6으로 나누어떨어지므로 소수가 아닙니다.

이 법칙에 따라 소수를 작은 수부터 나열하면 다음과 같습니다.

2, 3, 5, 7, 11, 13, 17, …

그리고 이는 무한대로 이어집니다(1은 소수가 아니라고 정해져 있습니다).

소수가 무엇인지 알았으니 이제 '섹시함'에 대해 설명해보겠습니다.

섹시한 소수란 차가 6이 되는 소수끼리 묶은 것입니다. 앞서 예로 든 소수 중에도 섹시한 소수가 숨어 있습니다.

예를 들어 11 − 5 = 6이므로 5와 11은 섹시한 소수입니다. 그 밖에 7과 13, 11과 17, 17과 23도 섹시한 소수입니다.

그런데 여러분, 혹시 이런 생각이 들지 않나요?

'그게 왜 섹시해?'

차가 6이라는 데서는 섹시하다는 느낌을 받지 못합니다.

섹시한 이유는 라틴어로 6을 'sex'라고 쓰기 때문이라고 합니다.

영어에서 6을 six라고 하는 점으로 미루어 영어의 기원에 해당하는 라틴어로는 six가 아닌 sex였다는 뜻 아닐까요?

왠지 골탕 먹은 듯한 느낌도 들지만 알짜배기 지식으로 사용해보세요.

그런데 수학에는 방금 소개한 '섹시한 소수'처럼 많은 전문용어가 등장합니다. 인수분해, 연립방정식, 삼각함수, 사인·코사인·탄젠트 등은 학교 다닐 때 배웠겠지만, 수학 용어가 어렵다고 느끼는 사람이 많을 것입니다.

그렇습니다. 아무리 수학이 논리의 학문이라고 하더라도, 용어의 뜻을 모르면 이해가 되지 않습니다.

이는 영단어를 몰라서 영어 문장을 이해하지 못하는 것과 똑같습니다. 수학의 단어를 외우지 않으면 수학 문제를 풀 수 없습니다.

인수분해라는 말이 무슨 뜻인지 모르면 당연히 문제를 풀 수 없습니다.

도쿄 대학 이과 계열에 합격할 만큼 수학에 자신 있다는 학생들도 대학 수학 교과서를 보면 다들 머리를 감싸 쥡니다. 왜냐하면 새로운 용어나 개념이 잇따라 등장해 이해하기 어렵기 때문이지요.

그러므로 수학은 언어라고 할 수 있습니다.

수학에도
문법 공부가 있다

그럼 재미 삼아 '2 + 3 = 5'를 자유롭게 써볼까요.

'2'나 '3'은 아라비아 숫자라는 기호의 일종입니다. 이것을 모두 한글로 바꿔보겠습니다. + 부호 대신 '&'를 쓰고, = 는 '은(는)'으로 쓰겠습니다.

'이&삼은 오'

매우 예리한 사람은 해독할 수 있겠지만, 답안지에 저렇게 쓰면 가차 없이 작대기가 그어질 것입니다.

대학 입시에서도 당연히 통하지 않을뿐더러 수학 국제 학회에서 이렇게 썼다간 놀림감이 될 것입니다.

이렇게 아무리 맞는 내용이라도 올바른 기호를 쓰지 않으면 인정받지 못합니다. 즉, 수학에도 문법이 있습니다.

초등학교 수학 수업에서 아래와 같은 대화를 해본 경험이 있지 않나요?

"사과 2개에 바나나 3개를 더하면 모두 몇 개지?"
"5개입니다."
"그럼 지금 한 계산을 노트에 써볼래?"

이런 것이 바로 수학의 문법 수업입니다.

'더할 때는 + 부호를 씁시다. 숫자가 같을 때는 = 부호를 씁시다.'

이는 수학의 문법 설명입니다. 영어로 단수형일 때는 'is'를 쓰지만 복수형일 때는 'are'를 쓴다고 가르치는 것과 큰 차이가 없습니다.

영어 문법 수업에서는 어떤 것을 배웠나요?

과거형, 현재진행형, 관계대명사, 의문문 등 많은 단원을 하나씩 배웠을 것입니다.

반면 수학 단원은 문법으로 나뉘어 있지 않습니다. ○○방정식이나 ○○함수처럼 계산 방법이 따로 구성되어 있습니다.

그러나 수학에도 문법만을 배우기 위한 단원이 존재합니다. 바로 '문자와 식'입니다.

특별히 생각하지 않으면 '계산 분야'라고 여겨 지나치게 되지만, 이 단원의 목적은 수학의 문법을 도입하는 것입니다. 따라서 이 단원은 무척 언어적입니다.

그리고 지금까지 의식해본 적 없는 '수학이 언어다'라는 시점에서 보면 언어의 본질에 다가갈 수 있습니다.

이제 자세히 살펴보겠습니다.

수학 문법은
복잡하다?

'문자와 식' 단원에서 시종일관 나오는 주제는 수학을 알파벳으로 기술하는 것입니다.

지금까지 '2+3=5'처럼 아라비아 숫자와 +나 =부호로 써 왔던 수식을 a, b, c로 쓰게 됩니다.

그럼 수학에서 문법이란 어떤 것일까요? 가장 간단한 법칙부터 살펴보겠습니다.

문자식의 부호 법칙

+ a = a

−a

공통점

양수 음수와 마찬가지로 +부호는 생략.
− 부호는 생략하지 않는다.
이는 초등학교 때 배운 것과 같다(제2장 참조).

이것은 아주 간단합니다. 음수와 양수 때와 '같이' 수식 맨 앞에 오는 + 는 생략하고 − 는 남깁니다. 나아가 '초등학교 때 배운 것과 같다'라는 것도 제2장에서 언급했습니다. '같은 것은 외우지 않아도 되는 법칙'이 있으니 그대로 넘어가겠습니다.

다음 법칙입니다.

$1 \times a = a$

$-1 \times a = -a$

$2 \times a = 2a$

$-2 \times a = -2a$

공통점
맨 앞에 오는 + 는 생략

차이점 (새로운 법칙)
① 곱셈은 생략
② 문자 앞에 오는 1은 생략

지금까지 배운 것과 '같은' 법칙은 + 부호를 생략하는 것입니다. 또다시 반복하지만, 초등학교 때와 같은 법칙이기 때문에 새로 외울 필요는 없습니다.

그러나 여기서 새로운 법칙이 나옵니다.

문법 ① 곱셈은 생략한다
문법 ② 문자 앞에 오는 1은 생략하지만 다른 숫자는 생략하지
　　　　않는다

새로운 법칙이므로 지금까지와 '다른 점'을 꼭 외워야 합니다. '공통점'은 외우지 않아도 되지만 '차이점'은 외울 필요가 있습니다.

그리고 한 가지 더 있습니다.

$$b \times 2 \times (-a) \times b = -2ab^2$$

차이점 (새로운 법칙)	순서
③ 같은 숫자를 여러 번 곱할 때는 거듭제곱으로 나타낸다	⑤ 왼쪽부터 부호 → 숫자 → 문자 순서로 쓴다
④ 1제곱은 생략	⑥ 문자는 왼쪽부터 알파벳순으로 쓴다

새로운 법칙이 또 등장합니다.

문법 ③ 같은 숫자를 여러 번 곱할 때는 거듭제곱으로 나타낸다
문법 ④ 1제곱만 생략하고 그 외에는 생략하지 않는다

이 법칙도 지금까지와 '다른 법칙'이기 때문에 기억해야 합니다. 그리고 법칙이 또 있습니다.

문법 ⑤ 왼쪽부터 부호 → 숫자 → 문자 '순서'로 쓴다
문법 ⑥ 문자는 왼쪽부터 알파벳순으로 쓴다

이것은 숫자나 문자를 적는 '순서'를 정한 법칙입니다.

이처럼 외워둘 법칙이 많이 등장했습니다.

영어에 많은 문법이 나오는데 수학에서도 많은 문법을 외워야 합니다.

이 책에서는 수학이 언어라고 주장하지만, 이런 번거로운 부분까지 따라가고 싶지는 않습니다. 무슨 좋은 방법이 없을까요?

너무 편리해서
놓고 싶지 않은 문자식

사실은 어떻게든 됩니다.

앞서 여러 번 등장했던 문법도 대충 만들어진 것이 아닙니다. 어떤 결과가 나온 데는 다 이유가 있습니다. 즉, 인과관계(순서)가 있는 것이지요. 그리고 그 이유를 알면 오히려 문법을 사용하기가 쉬워져 편리합니다.

그 법칙을 소개하기 전에 잠깐 다른 이야기를 좀 하겠습니다.

딱딱한 이야기만 했으니 가벼운 마음으로 다음 그림을 보세요.

벽에 손을 짚은 남자, 그리고 남자가 다가오자 수줍어하는 여자가 있습니다. 무슨 그림일까요? 맞습니다.

'가베돈*'입니다.

'가베돈'은 2014년 유캔 신조어·유행어 대상 10위 안에 들었을 만큼 최근에 쓰이기 시작한 단어입니다.

지금이야 '가베돈'이라고 하면 누구나 일러스트와 같은 상황을 떠올리지만, 만약 '가베돈'이라는 말이 없었다면 어땠을까요?

대화를 할 때 '남자가 벽을 탁 치고 여자에게 다가가는 설레는 상황'처럼 장황하게 일일이 설명해야 할 것입니다.

아주 번거롭죠. 그런데 '가베돈'이라는 단어가 생겼기 때문에 편리하게 대화를 할 수 있고 다들 같은 장면을 떠올리는 것입니다.

계속해서 새로운 말이 생겨납니다. 이름을 붙이면 편리하기 때문이지요.

---

* 벽이라는 뜻의 '가베'와 탁 친다는 의성어 '돈'이 합쳐진 신조어로 남녀의 설레는 상황을 나타내는 영화의 한 장면이 인기를 얻어 젊은이들 사이에서 유행처럼 퍼졌다.

수학에서도 편리를 위해 이름을 붙이는 일이 흔합니다.

대표적인 예가 '원주율'인데, π라는 문자를 사용하죠.

만약 원주율을 π로 나타낸다는 법칙이 없다면 어떨까요?

원주율은 소수로 나타내면 3.14159265…와 같이 무한으로 이어지는 수입니다. 그렇다면 매번 3.14159265…라는 숫자를 일일이 써야 할까요?

숫자도 복잡하고 쓰기도 귀찮고, 게다가 길기까지 한데 말이죠.

'원주율'이라고 매번 글자로 쓰기도 번거롭고요(게다가 수학 느낌이 나지 않지요).

그래서 π로 쓴다는 법칙을 만들어 편리하게 사용하도록 연구한 것입니다.

마찬가지로 중1부터는 일반적으로 원의 반지름을 r로 나타냅니다.

초등학교 때는 '반지름'이라고 썼던 것을 r만으로 표현하니 참으로 편리합니다.

또한 일반적으로 넓이는 S, 길이는 ℓ로 나타냅니다.

따라서 초등학교 때는 '원의 넓이 = 원주율×반지름×반지름'

이라고 썼던 것을 'S＝πr²'이라고 나타내고, '원둘레의 길이＝
원주율×반지름'은 'ℓ＝2πr'로 나타낼 수 있습니다.

　어느 쪽이 편리한지는 물어볼 필요도 없겠죠.

법칙은
점점 간단해진다

'$\ell = 2\pi r$'를 다시 한 번 볼까요.

이 식을 '$\ell = \pi 2r$'라고 쓰면 안 됩니다. π는 2 뒤에 써야 한다는 문법이 있습니다.

$\ell = 2 \times \pi \times r$를 나타내는 방법

$\ell = 2\pi r$ ○

$\ell = \pi 2r$ ×

$\ell = 2r\pi$ ×

왜 그럴까요?

앞에서 '순서'로 '부호 → 숫자 → 문자'라는 법칙(문법 ⑤)을 소개했는데, π가 들어갈 때만 변화가 생깁니다.

문법 ⑦ π가 들어 있을 때는 부호 → 숫자 → π → 문자 '순서'로 쓴다

좀 더 까다로워졌죠?

하지만 이게 다입니다.

여기서부터는 여러 가지 법칙을 합치겠습니다. 먼저 다음 법칙을 보세요.

문법 ⑤ 왼쪽부터 부호 → 숫자 → 문자의 '순서'로 쓴다
문법 ⑦ π가 들어 있을 때는 부호 → 숫자 → π → 문자의 '순서'로
    쓴다

제2장에서 작은 법칙에서 큰 법칙을 찾는다는 이야기를 했는데, '공통점', '차이점', '순서'에 주목해야 합니다.

문법 ⑤와 문법 ⑦에서 '차이점'은 π의 유무이며, 부호 → 숫자 → 문자의 '순서'로 쓰는 것은 공통점입니다.

즉, 문법 ⑤는 없어도 상관없습니다. π가 들어갈 때만 숫자와 문자 사이에 쓰면 됩니다. 따라서 문법 ⑦이 문법 ⑤를 흡수하게 됩니다.

눈치챘을지 모르지만, 부호는 항상 가장 왼쪽에 씁니다.

이는 수학에서 절대 법칙입니다.

좀 더 자세히 얘기하자면, 부호만은 특정 값을 나타내지 않습니다.

숫자 2나 π인 3.14…는 숫자의 크기가 있지만, 플러스나 마이너스는 숫자가 아닙니다. 따라서 이 부분만 '차이점', 즉 특별 취급해 항상 제일 왼쪽에 씁니다.

나머지 숫자, π, 문자를 쓰는 '순서'는 어떨까요?

이유를 생각하는
법칙

제2장에서 '같은 것은 외우지 않아도 되는 법칙'을 소개했는데, 제3장에서 법칙을 한 개 더 소개하겠습니다.

'이유를 생각하는 법칙'입니다.

무슨 뜻인지 알 수 없는 것이 나왔을 때, 생각도 하지 않고 '음, 그런 게 있구나' 하고 통째로 암기하는 경우가 있을 것입니다. 그러나 가능하면 그 배경에 숨어 있는 이유를 생각해보기 바랍니다.

'공통점', '차이점', '순서'를 사용해 생각하는 것이 힌트입니다.

이때 진짜 이유를 들지 않아도 괜찮습니다. 서적이나 인터넷에서 알아보는 것도 좋지만, (타인에게 가르치는 것이 아니라면) 자신이 이해할 수 있는 가설을 들어도 충분합니다.

제1장에서 '공부는 스토리의 이해와 암기'라고 소개했는데, 중요한 것은 머릿속에서 스토리로 만드는 것입니다.

그럼 이를 염두에 두고 문자식 이야기로 돌아가겠습니다.

문자식의 문법에서는 '왜 숫자 → π → 문자'의 순서로 쓸까요?

보조선을 한 개 그어보겠습니다.

'왼쪽부터 명확히 알 수 있는 순서'로 쓴다는 것이지요.

숫자 2는 누가 봐도 정확히 알 수 있는 값입니다.

그러나 π는 3.1415⋯라는 사실은 알지만, '⋯'에 해당하는 정확한 숫자는 잘 알 수 없습니다. 아무튼 무한대로 이어진다는 사실만 알고 있으니 2에 비하면 불명확합니다.

그리고 반지름 r는 어떤 값일지 전혀 알 수 없습니다. 반지름이 1인지, 2인지, 아니면 100인지 상황에 따라 달라집니다. 따라서 r가 가장 불명확합니다.

즉, 숫자 → π → 문자의 순서로 불명확해지기 때문에 '왼쪽부터 명확히 알 수 있는 순서'로 적는 것입니다.

문법 ⑧ 왼쪽부터 명확히 알 수 있는 순서로 쓴다

이로써 문법 ⑤와 ⑦이 새로운 ⑧에 흡수되어 하나의 법칙이 되었습니다.

작은 법칙에서 큰 법칙이 발견(추상화 = 귀납)된 것이지요. 이제 '숫자와 문자 중 무엇을 먼저 썼더라?' 하며 고민할 필요도 없습니다.

작은 사례들을 따로따로 하나씩 보면 법칙이 복잡해 보이지만 곰곰이 생각하면 사실 그 배경에 의미가 담겨 있고, 하나의 법칙으로 되어 있습니다.

수학에서는 이와 같은 일이 빈번하게 일어납니다.

이것은 우연일까요?

간단한 것이
최고!

결코 우연이 아닙니다.

수학은 심플을 중요하게 여기는 언어이기 때문에 필연적으로 일어나는 현상입니다.

심플이라는 말이 어렵다면 '군더더기를 줄이는 것'이라고 읽어도 좋습니다. 수학에는 수고를 최소한으로 줄여 표현하는 법칙이 있습니다.

'2 + 3 = 5'를 떠올려보세요. '2 더하기 3은 5'나 'Two plus three is five'와 비교할 때 무엇이 가장 간단한가요?

말할 필요도 없이 '2 + 3 = 5'일 것입니다.

획수가 적어서 쓰는 수고도 들지 않고 필요한 정보가 모두 포함되어 있어 매우 심플합니다.

놀라기엔 아직 이릅니다. 이제부터가 진짜니까요.

지금까지 많은 문법이 등장했습니다.

문법 ① 곱셈은 생략한다

문법 ② 문자 앞에 오는 1은 생략하지만 다른 숫자는 생략하지
않는다

문법 ③ 같은 숫자를 여러 번 곱할 때는 거듭제곱으로 나타낸다

문법 ④ 1제곱만 생략하고 그 외에는 생략하지 않는다

~~문법 ⑤ 왼쪽부터 부호 → 숫자 → 문자의 '순서'로 쓴다~~

문법 ⑥ 문자는 왼쪽부터 알파벳순으로 쓴다

~~문법 ⑦ π가 들어 있을 때는 부호 → 숫자 → π → 문자 '순서'로
쓴다~~

문법 ⑧ 왼쪽부터 명확히 알 수 있는 순서로 쓴다

※문법 ⑤와 ⑦은 문법 ⑧에 흡수되었습니다.

그렇다면 다른 법칙은 어떨까요?

문법 ① 곱셈은 생략한다

모두가 생략되어 있다는 사실을 안다면 굳이 부호를 쓸 필요
가 없습니다. 쓰지 않아도 아는 것은 군더더기로 간주합니다.

> 문법 ② 문자 앞에 오는 1은 생략하지만 다른 숫자는 생략하지
> 않는다

아무것도 쓰여 있지 않다면 1이 생략되어 있다고 생각하면 됩니다. 일부러 1을 쓰는 수고가 군더더기입니다.

> 문법 ④ 1제곱만 생략하고 그 외에는 생략하지 않는다

이 또한 수고를 늘릴 뿐이어서 쓰지 않습니다.

> 문법 ⑥ 문자는 왼쪽부터 알파벳순으로 쓴다
> 문법 ⑧ 왼쪽부터 명확히 알 수 있는 순서로 쓴다

이 두 가지 법칙도 누구나 아는 알파벳순이나 누구나 아는 '명확도순'을 사용하면 새로운 순서를 외울 필요가 없어집니다.

따라서 여덟 가지였던 법칙이 '간단하게 쓰기'라는 큰 법칙에 흡수되었습니다.

수학에서는 '심플'하게 표현하고자 하는 생각으로 다양한 문법을 만들었습니다.

그러나 우리는 그 세세한 법칙들의 설명만 듣고 '심플'하게 표현한다든가, 수학은 언어라는 측면의 설명을 제대로 듣지 못해 암기하는 것이 번거롭고 재미도 없습니다.

그때도 '공통점', '차이점', '순서'에 따라 논리적으로 생각하면 몰랐던 사실이 보입니다.

수학이 언어라는 것을 이제 어느 정도 이해했으리라 믿습니다. 그럼 한 걸음 더 나아가볼까요.

중1 수학으로 '표현력'도
배울 수 있다

  수학에서 배울 수 있는 언어력은 문법이나 간결함뿐만이 아닙니다.

  이번에는 '표현력'을 배워보겠습니다.

  피겨스케이팅에서나 필요할 것 같은 표현력을 수학에서 배우다니, 그림이 잘 그려지지 않겠지만, 사실 수학에서 표현력은 매우 중요합니다.

  예를 들어 이 장 서두에 소개했던 '2+3=5'만 가지고도 다양한 표현이 가능합니다.

  보통 수식은 왼쪽에서 오른쪽으로 읽습니다. '2+3=5'라고 쓰여 있으면 '2에 3을 더하면 5가 되는구나'라고 무의식중에 스토리를 만들어서 이해합니다.

초등학교 문제로 만든다면 '사과 2개가 있습니다. 여기에 사과 3개를 더하면 모두 몇 개가 될까요?'가 될 것입니다. 처음에 사과 3개가 있는데 2개를 더하는 그림이 쉽게 그려지지 않을 것입니다.

2와 3의 위치를 바꿔 '3 + 2 = 5'로 만들어도 맞는 수식입니다.

그러면 '사과 3개가 있는데, 여기에 사과 2개를 더하면 모두 몇 개가 될까요?'라는 문제로 바뀝니다.

'2와 3을 더하면 5'라는 사실에는 변함이 없지만, '2 + 3 = 5'로 하느냐 '3 + 2 = 5'로 하느냐에 따라 뜻이 미세하게 달라집니다.

또한 = 의 왼쪽과 오른쪽을 바꿔도 수식이 성립됩니다.

'5 = 2 + 3'이라는 수식에서 이번에는 5를 분해하여 2와 3으로 나누는 스토리가 떠오릅니다.

모두 성립되는 수식이며 같은 사실을 가리키지만, '2 + 3 = 5'로 쓰느냐 '3 + 2 = 5'로 쓰느냐 '5 = 2 + 3'으로 쓰느냐에 따라 뜻이 조금씩 달라집니다.

이처럼 수학은 '표현력'을 매우 중시하는 과목입니다.

게다가 수학에서는 표현 방법에 따라 문제의 난이도가 엄청 차이 나는 일이 흔합니다. 어떤 표현에서는 계산이 매우 복잡했는데 다르게 표현했더니 간단해졌다는 경우가 수두룩합니다.

아무 생각 없이 눈으로 좇는 수식에도 그 수식을 쓴 사람의 주장이나 의도가 숨어 있는 것입니다.

표현력 예시 ①
교환법칙

가장 알기 쉬운 예는 교환법칙입니다.

교환법칙이란 앞서 했던 덧셈 '순서'를 바꿔도 좋다는 법칙입니다. '3+5'에서 3과 5의 위치를 바꿔 '5+3'으로 해도 좋고, '4+8=8+4'로 해도 좋다는 뜻입니다.

이것을 문자식으로 '심플하게 표현'해볼까요.

중1 수학을 배우면 숫자를 쓰지 않고 알파벳을 쓰게 됩니다. 그때까지 3이나 4 등 숫자로 나타냈던 것을 알파벳 한 글자로 나타낼 수 있습니다.

즉, 교환법칙을 사용하면 'a+b=b+a'라고만 쓰면 됩니다. 이것으로 온갖 숫자(소수든 분수든)로 교환법칙이 성립한다는 사실을 '표현'할 수 있습니다.

$$\begin{cases} 3 + 5 = 5 + 3 \\ 4 + 8 = 8 + 4 \\ 0.1 + 0.7 = 0.7 + 0.1 \\ \dfrac{2}{3} + \dfrac{1}{7} = \dfrac{1}{7} + \dfrac{2}{3} \\ \quad\vdots \end{cases} \Rightarrow \quad a + b = b + a$$

온갖 숫자가 들어갈 수 있는 부분을

문자식으로 나타내면
단 하나의 식으로
'간단'하게 '표현'할 수 있다

그럼 교환법칙을 사용하면 어떤 효과가 있을까요? 예를 들어 덧셈에서도 충분히 효과가 나옵니다.

'3 + 9 + 7'을 계산할 때, 먼저 '3 + 9'를 계산해 12로 만든 다음 '12 + 7'을 계산해 19라는 답을 이끌어낼 수도 있습니다. 그러나 '3 + 9 + 7 = 3 + 7 + 9'로 7과 9의 위치를 바꾸면 '3 + 7 = 10'이 보이기 때문에 계산이 편리해집니다.

'그걸 모르는 사람이 있나? 당연히 할 수 있지'라고 생각할지도 모르지만, 의외로 잘 안 됩니다.

저는 "우리 아이는 계산할 때 실수를 많이 해요"라든가 "계산할 때 실수하지 않으려면 어떻게 해야 되나요?"라는 하소연을 자주 듣습니다. 대부분 원인은 다음 세 가지 경우입니다.

① 계산할 때 헛심을 쓴다(생략할 수 있는데 생략하지 않는다)

② 일부러 어려운 계산을 한다(연구하지 않는다)

③ 비밀(제4장에서 자세히 설명하겠습니다)

　지금은 교환법칙을 사용한다는 전제하에 이야기하고 있으니 쉽게 발견할 수 있지만, 그것을 시험 볼 때도 활용할 수 있느냐 하는 것은 또 다른 문제입니다.

　이러한 기초적이고 간단한 작업을 다급하거나 당황할 때도 내 것처럼 쓸 수 있느냐에 따라 성적이 결정됩니다. 할 줄 아는 사람들은 자연스럽게 끊임없이 생각하고 연구합니다.

　입시 문제 중에는 수십 번, 수백 번(아니, 더 걸릴 수도 있습니다) 계산해야 하는 문제도 있습니다. 잘하는 사람은 수백 번이나 편한 계산을 하고 못하는 아이는 수백 번이나 번거로운 계산을 하니 당연히 차이가 나지요.

　사소한 수식의 '표현력'으로 큰 차이가 생깁니다.

문자식의
덧셈·뺄셈도 간단히

이 교환법칙은 문자식에서도 통합니다. 교환법칙을 설명하기 전에 다음 식을 보세요.

$$3x + 4x = 7x \qquad ax + bx = (a + b)x$$
$$3x - 5x = -2x$$

공통점

· 양수 음수와 같다
· +는 생략, −는 남긴다

차이점

· x가 붙어 있다

덧셈도 뺄셈도 양수 음수의 계산과 '공통'입니다. '3 + 4 = 7', '3 − 5 = −2'이기 때문에 새로 배울 것은 없습니다. 그대로 넘어가세요.

'차이점'은 x가 섞여 있는 부분입니다. $3x$나 $4x$처럼 숫자에

x가 붙어 있습니다.

여기에서 어려운 부분이 있나요? x가 붙어 있어도 지금까지 했던 계산과 '똑같이' 계산하면 되기 때문에 어려울 것 하나 없습니다. 이 부분도 지나치세요.

여기서 교환법칙이 등장합니다.

$$4a - 2 - 8a + 5$$
$$= 4a - 8a - 2 + 5$$
$$= -4a + 3$$

공통점 **순서**
• 계산하는 순서를 바꾸는 것(교환법칙)은 초등학교 때와 같다

차이점
• a가 있는 부분과 없는 부분 사이의 부호는 생략하지 않는다

이번에는 -2와 $-8a$의 위치를 바꿔('순서'를 바꿔) 계산했습니다. 여기에서는 a라는 알파벳이 있는 부분과 없는 부분으로 나눠 계산하는 것이 포인트입니다. a가 있는 부분끼리(공통점), 그리고 없는 부분끼리 나란히 열거하기 위해 교환법칙을 사용해 '순서'를 바꿨습니다.

이것이 새로 등장한 법칙('차이점')입니다. 이 외에는 초등학교 때와 '같은' '순서'로 계산해도 상관없습니다.

그 밖의 '차이점'으로 플러스를 생략하지 않았다는 점도 있습니다.

> 문법 ① 곱셈은 생략한다

바로 이 법칙과 혼동되기 때문입니다.

만약 '$-4a+3$'에서 $+$를 생략하면, 어디부터 곱셈 덩어리이고 어디부터 덧셈 덩어리인지 알 수 없어집니다.

곱셈은 생략해도 좋지만 다른 부호는 생략하면 무엇을 생략했는지 알지 못하므로 생략할 수 없습니다.

따라서 이번 생략 금지 법칙도 외울 필요가 없습니다.

표현력 예시 ②
공식이나 법칙을 표현할 수 있다

그럼 다음 예시로 넘어가겠습니다.

문자식의 표현력에서 가장 대단한 점은 법칙이나 공식을 표현할 수 있는 부분입니다.

(삼각형의 넓이) = (밑변) × (높이) ÷ 2

$$S = \frac{ah}{2}$$

(원의 넓이) = (원주율) × (반지름) × (반지름)

(원둘레의 길이) = 2 × (원주율) × (반지름)

$$S = \pi r^2$$
$$\ell = 2\pi r$$

교환법칙 설명에서도 나왔지만, 숫자를 문자식으로 바꿈으로써 다양한 상황을 하나의 식으로 '표현'할 수 있습니다. 즉, 문자식을 사용함으로써 공식이나 법칙을 '심플'하게 '표현'할 수 있습니다.

바꿔 말하면, 문자식은 '추상화'하기가 아주 편합니다.

초등학교에서는 '(삼각형의 넓이) = (밑변)×(높이)÷2'라고 배웠습니다. 이것이 수학으로서 문제가 있다는 것은 아닙니다.

그러나 알파벳을 사용하면 $S = \dfrac{ah}{2}$로 끝납니다.

어느 쪽이 '심플'하게 '표현'되어 있나요?

물론 문자식을 쓴 쪽이지요. 직사각형의 넓이는 $S = ab$, 정사각형의 넓이는 $S = a^2$라고 쓰면 모든 상황을 '표현'할 수 있습니다.

이미 등장한 원과 관련된 공식도 마찬가지입니다.

원의 넓이는 $S = \pi r^2$이며 원둘레의 길이는 $\ell = 2\pi r$였는데, 이것도 글로 '원의 넓이'나 '반지름'으로 쓰기보다는 S나 r라고 쓰는 편이 훨씬 '심플'합니다.

'넓이는 항상 S로 나타낸다', '높이는 항상 h로 나타낸다'라는 법칙을 정해두면 최소한의 문자 수로 온갖 상황을 '표현'할 수 있습니다.

표현 방법이
운명을 좌우한다

앞서 수학에서는 표현 방법에 따라 문제의 난이도가 달라진 다고 했는데, 예를 들어보겠습니다.

다음 문제를 보세요.

Q 둘레 길이가 10cm인 직사각형이 있습니다. 이 직사각형의 넓이를
문자식으로 나타내세요.

이 문제의 해법을 두 가지 소개하겠습니다.

먼저 첫 번째 해법(해법 ①)은 문자를 두 개 사용해 '표현'하는 방법입니다.

둘레 길이의 조건에 따라

$a + b + a + b = 10$

즉,

$2a + 2b = 10$

(세로 + 가로 = 5이기 때문에

$a + b = 5$라고 해도 좋다)

(직사각형의 넓이) = (가로) × (세로)에서

$$S = a \times b$$

따라서 　　　$S = ab$

단, 　　　$2a + 2b = 10$

　　　　　$(a + b = 5)$

　직사각형의 가로 길이를 a, 세로 길이를 b로 놓겠습니다. 둘레 길이가 10cm이므로 'a＋b＋a＋b＝10'을 계산해 '2a＋2b＝10'이라는 관계식이 성립됩니다.

　학교 수학 시간에는 '일차방정식' 단원에서 배우는 계산 방법 (165페이지 참조)을 사용해 'a＋b＝5'라고 배울지 모르지만, 지금은 '2a＋2b＝10'이라는 식을 이해하면 됩니다.

직사각형의 넓이는 앞에서도 말했듯이 'S = ab(넓이 = 가로×세로)'입니다.

그러므로 '2a + 2b = 10 또는 a + b = 5'와 'S = ab'라는 두 개의 식을 쓰면 됩니다.

또 다른 해법은 문자를 한 종류만 쓰는 방법입니다.

해법 ②

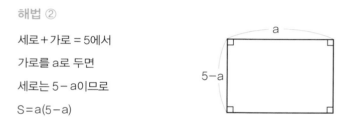

세로＋가로＝5에서
가로를 a로 두면
세로는 5－a이므로
S＝a(5－a)

둘레 길이가 10cm라는 정보에서 'a + b = 5'라는 식을 얻었는데, 이는 가로와 세로를 합치면 5cm라는 뜻입니다. 그러므로 세로 길이는 5cm에서 가로 길이 a를 빼도 됩니다.

즉, 가로 길이를 a로 두고(해법 ①에서는 b로 두었다) 세로 길이를 5－a라고 표현해도 좋습니다.

그러면 넓이는 'S＝a(5－a)'로 표현할 수 있습니다.

지금 두 가지 해법을 찾아봤는데, 어떤 '차이점'이 있을까요?

　바로 해법 ①은 문자 두 종류와 식 두 개로 '표현'했고, 해법 ②는 문자 한 종류와 식 한 개로 표현했다는 차이점이 있습니다. 간단한 쪽을 고른다면 해법 ②일 것입니다.

　그러나 해법 ①에서는 $a+b$와 ab라는 간략한 식이 등장했습니다. 그에 비해 해법 ②에서는 a와 $5-a$로 표현되어 살짝 비대칭입니다. 그런 면에서는 해법 ①이 더 간단하다고 할 수도 있겠습니다.

　사실 둘 다 사용하기 편리합니다.

　실제로 중학 수학에서는 두 해법을 모두 배웁니다. 해법 ①은 중2의 연립방정식에서 다루는 표현 방법이고, 해법 ②는 중1의 일차방정식에서 이해할 수 있는데, 나머지 계산 방법은 중3 때 배웁니다.

　다루는 단원이 다르다는 것은 해법이 다르다는 뜻입니다. 실제로 a와 b라는 문자 두 종류로 푸느냐, a와 문자 한 종류로 푸느냐에 따라 난이도가 하늘과 땅만큼 달라지는 입시 문제도 수두룩합니다. 즉, 살짝 다른 수식의 표현 방법으로 인해 합격과

불합격이 결정됩니다.

　따라서 수학을 배우면 표현 방법에 대해 많은 생각을 하게 됩니다.

문자식의
어마어마한 위력

문자식의 어마어마한 위력에 대해 소개해볼까요.

다시 한 번 문제를 내겠습니다.

Q 짝수와 짝수를 더하면 짝수일까요, 아니면 홀수일까요?

아마 여러분은 간단히 대답할 수 있을 것입니다. 머릿속으로 '2 + 4'나 '6 + 8'을 계산해보면 금방 알 수 있으니까요.

그렇습니다. 답은 짝수입니다.

그러나 온갖 짝수와 짝수를 더하면 반드시 짝수가 나온다고 단언할 수 있습니까?

확실히 '2 + 4 = 6'이므로 결과는 짝수입니다. '6 + 8 = 14'이므

로 이 또한 짝수입니다. 그러나 온갖 짝수와 짝수를 더하면 짝
수가 된다는 사실은 나타내지 않습니다.

눈치챘겠지만, 여기서 등장하는 것이 온갖 상황을 '표현'할 수
있는 문자식입니다. 그럼 어떻게 해야 증명할 수 있을까요?

온갖 짝수를
단 두 글자로 나타내기

짝수란 무엇인가요?

확인할 것도 없이 2의 배수를 말합니다.

그리고 2의 배수를 문자식으로 나타내면 $2n$이 됩니다.

쉽게 이야기했는데, 이미 아주 대단한 표현입니다.

예를 들어 10이라는 짝수는 '2×5'이기 때문에 짝수입니다. 이는 $2n$에서 '$n = 5$'인 경우를 나타냅니다.

18은 '2×9'이므로 $2n$에서 '$n = 9$'인 경우를 나타냈을 뿐입니다.

이처럼 n에 어떤 숫자를 대입하면 온갖 짝수를 나타낼 수 있는 것입니다.

문자식을 사용하면 어떨까요?

$$2 = 2 \times 1$$
$$4 = 2 \times 2$$
$$6 = 2 \times 3$$
$$8 = 2 \times 4$$

이와 같이 일일이 표기해야 합니다. 짝수는 무한대인데 무한으로 이어지는 수를 모두 종이에 나타내기란 불가능합니다.

그러나 아무리 노력해도, 아무리 큰 종이를 준비해도 불가능한 일을 문자식을 사용하면 딱 두 자로 나타낼 수 있습니다.

$2n$이 그것입니다.

딱 두 자로 이 모든 것을 '표현'하다니, 얼마나 심플한가요?

'짝수＋짝수＝짝수'를
단 한 줄로 증명하기

그럼 '짝수＋짝수＝짝수'를 증명해봅시다.

앞서 짝수는 $2n$으로 표현할 수 있다고 했으니, 종이에 $2n$이라고 씁니다.

이어서 또 다른 짝수를 더하기 때문에 $2n$이라고 써야 할 것 같은데, 잠깐만 기다려보세요.

'짝수＋짝수＝짝수'란 어떤 짝수끼리 더해도 답은 짝수가 나온다는 뜻입니다.

첫 번째 짝수와 두 번째 짝수는 각각 다른 수이어야 합니다.

따라서 이럴 때는 '$2n+2m$'이라고 표현합니다.

n과 m으로 다른 문자를 써서 다른 짝수라는 사실을 '표현'하는 것이지요.

온갖 짝수 중 두 짝수의 덧셈을 고작 '$2n+2m$'으로 표현할 수 있다니, 이 얼마나 '심플'한가요? 아무리 큰 종이를 준비해도 불가능했던 일이 간단하게 해결되었습니다.

그럼 계산을 해보겠습니다.
'$2n+2m$'은 2가 공통으로 들어갔기 때문에 $2(n+m)$으로 계산할 수 있습니다.
'$3x+4x=(3+4)x$'가 되는 것과 같은 원리지요.

$$2n + 2m = 2(n + m)$$
$$3x + 4x = (3 + 4)x$$

이와 같이 세로로 나열하면 더 잘 보입니다.

$$2n + 2m = 2(n + m)$$
짝수　　짝수　　　짝수

이제 $2(n+m)$에 대해 생각해보겠습니다. 이것은 '$n+m$'이라는 수에 2를 곱한 것이라고 해석하면 됩니다.
'$n+m$'과 2의 곱셈이지요. 그 말인즉슨, 반드시 2의 배수가 된다는 뜻입니다.

따라서 $2(n+m)$은 짝수입니다.

이것으로 n과 m에 어떤 수를 대입해도 결과는 반드시 짝수가 된다고 말할 수 있습니다.

이것으로써 온갖 '짝수 + 짝수 = 짝수'가 성립함이 증명되었습니다.

엄밀히 따지면 중2 때 배우는 내용도 약간 포함되지만, 중1 수학만 가지고도 충분히 이해할 수 있습니다.

문자식을 쓰지 않을 때는 하나하나 전부 적을 수밖에 없었던 수식이 문자식을 쓰니 단 한 줄로 '심플'하게 '표현'되었습니다.

수학에서는 문자를 사용해 많은 법칙을 '표현'할 수 있습니다.

우리 생활에 넘치는
언어로서의 수학

　지금까지 언어 측면에서 본 수학을 증명했는데, 수학에는 '심플'하게 '표현'할 수 있는 특징이 있습니다.

　더 구체적으로 말하자면, 짧은 글자 수에 많은 의미가 담겨 있다는 뜻입니다. 우리 생활에는 이 특징을 이용한 수학 기호가 넘칩니다.

　구글 플러스 로고를 예로 들어보겠습니다.

← 여기

　'+(플러스)' 기호는 추가, 증가, 진보 등을 연상시키기 때문에 일상생활에서 많이 접할 수 있습니다.

다음은 소셜 미디어 서비스(SNS)인 LINE의 채팅 화면입니다.

사진이나 동영상을 채팅 상대에게 보낼 때 누르는 버튼에 '＋'기호가 쓰입니다.

인스타그램도 마찬가지입니다.

브라우저의 탭 추가 버튼도 그렇습니다.

⬇ 여기도

이처럼 곳곳에서 보이지요.

상품 이름에도 사이즈가 크다는 뜻의 'iPhone 8＋'와, 기존에
있던 상품에서 새로운 상품으로 진화했다는 뜻의 '코카콜라 플
러스'가 있습니다.

또한 국제전화를 걸 때 ＋82－□－○○○○－△△△△처럼
나열된 숫자를 본 적이 있을 텐데, 여기에서 ＋는 일반 전화번
호에 국번을 '추가해서' 누른다는 뜻입니다.

한국의 국번은 82이기 때문에 해외에서 한국으로 전화를 걸 때는 +82가 필요합니다.

그와 반대로 '−(마이너스)'는 부정적인 이미지가 떠오르기 때문에 플러스만큼 많이 쓰이지 않습니다(거기에 기호가 너무 단순해서 가로선과 구별되지 않는다는 이유도 있습니다). 그러나 플러스와 같이 쓰이는 경우는 많습니다. '플러스 사고'와 '마이너스 사고'는 너무 익숙해 평소에는 의식하지 않는 개념이지만 플러스와 마이너스가 쓰인 좋은 예입니다.

병원체나 항체 등의 검사에서도 '+'는 양성, '−'는 음성을 나타내는 기호로 쓰입니다. 또한 혈액형의 'Rh+' 혹은 'Rh−'는 Rh 인자에 대한 항체가 양성이냐 음성이냐를 나타냅니다.

'×(곱하기)'도 사용됩니다.

곱셈에는 반복이라는 뜻이 들어 있기 때문에 말의 반복을 나타낼 때 사용됩니다. 후지 TV의 인기 프로그램 〈메차×2 이케테루!*〉도 좋은 예일 것입니다. 약간 오래된 노래지만 모닝구무스메의 히트 곡인 〈LOVE 머신〉의 가사 중 '♪일본의 미래는

---

* 매우 잘나간다, 아주 멋있다는 뜻의 일본 방송.

(Wow×4)' 등에서도 쓰였습니다.

요즘에는 합작을 나타내는 기호로도 사용됩니다.

빅카메라와 유니클로가 합작해 '빅클로'를 만들었을 때 화제가 되었습니다. 이것을 '×'를 써서 '빅카메라×유니클로'로 표기해도 특별히 어색하다고 느끼지 않는 사람이 많을 것입니다.

사회 현상을 일으킨 패밀리마트와 드래건 퀘스트의 합작인 '슬라임만*'은 '패밀리마트×드래건 퀘스트'로 나타낼 수 있을 것입니다.

저는 입시 지도를 하는 선생님이지만, 한편으로는 개그맨이나 학원 강사, 이과 이벤트 프로듀서 등과 함께 '일본 개그 수학 협회'를 만들어 활동하고 있습니다. '개그×수학'이라는 콘셉트로 이벤트를 열거나 동영상도 제작하고 있습니다.

수학을 소재로 한 만담이나 콩트, 토크쇼 등을 공개하거나 협회 각 멤버들이 잘하는 분야를 수학과 연관 지어 수학의 재미를 전달하고 있습니다.

'수학×연애', '수학×하이쿠**', '수학×세금'이라는 라인업이

---

* 슬라임 고기 호빵.
** 하이쿠(일본어: 俳句)는 일본 정형시의 일종이다. 각 행마다 5, 7, 5음으로 모두 17음으로 이루어진다.

이어지는 가운데, 저는 문과에도 강하기 때문에 '수학×역사', '수학×정치경제' 이야기를 할 때도 있습니다.

어떤가요?

생각보다 수학이 우리 생활에 넘치지 않나요? 전부 수학이 '심플'하게 '표현'할 수 있는 언어라는 특징을 이용한 것입니다.

수학 기호는 편리하기 때문에 독특한 뉘앙스나 이미지를 줄 수 있습니다.

"수학은 일상생활에 도움이 되지 않는다"는 말을 많이 하는데, 이는 제대로 알지 못하기 때문입니다. 마음만 먹으면 어디에든 이용할 수 있는 것이 수학입니다.

제3장 한눈에 보기

- 수학은 언어 그 자체다(단어도 문법도 있다).
- 이유(순서)를 생각하는 법칙이다.
- 수학은 심플함을 중시하는 언어다.
- 수학은 표현력이 풍부한 언어다.
- 수식은 일상생활에 많이 쓰인다.

제 4 장

중1 수학으로
암기력
단련하기

암기력이
필요 없는 곳은 없다

이 장의 주제는 암기력 단련입니다. 아니, 수학에서 암기력을 단련한다니?

이야기를 시작하기 전에 우선 머릿속을 비워봅시다.

암기력이 정말로 필요할까요? 중1 수학으로 암기력을 단련할 수 있을까요?

물론입니다.

암기력이 불필요한 상황이란 없습니다. 그리고 중1 수학에 나오는 간단한 단어를 암기하면 좋은 훈련이 됩니다.

제 학생 중에 어떤 아이돌 그룹의 광팬이 있습니다.

저 멤버는 이 부분이 귀엽고, 다른 멤버는 노력파이고, 이 멤버는 외모와 다르게 프로 의식이 강하다는 등 다양한 정보를 알

려줄 때가 있습니다.

그러나 저는 아이돌에 대해 전혀 알지 못합니다. 아무리 노력해도 유행을 따라갈 수가 없어서 겨우 팀 이름만 아는 정도입니다. 그래서 그 학생이 해준 '수업'을 이해할 수 없었습니다. 만약 알았다면 신나서 대화도 나누고 재미있어했을 겁니다.

같은 취미, 같은 화제에 열을 올리면 누구나 즐겁습니다. 그 집단 내에서만 느낄 수 있는 분위기가 있으니까요.

아이돌 그룹에 대해 알아두면 즐겁겠다고 생각한 적이 있지 않나요?

저는 아이돌 그룹에는 무지하지만, 문과 과목과 이과 과목을 다 공부했기 때문에 많은 분과 폭넓게 교류하고 있습니다. 그런 점에서 '공부해놔서 다행이다'라는 생각이 들 때가 많습니다.

비즈니스 현장에서도 전문용어가 많이 등장합니다.

호렌소*, PDS 사이클, 리스케줄, 어젠더, OJT 등을 처음부터 알고 사회인이 된 사람은 그렇게 많지 않을 것입니다.

익숙하지 않은 정장 차림으로 긴장하면서 출근했더니 주변

———
* 보고, 연락, 상담의 앞 자를 딴 것으로, 일본에서 사회인의 기본 문화다.

선배들이 사용하는 비즈니스 용어를 알아듣지 못해 힘들었던 경험이 누구나 있지 않나요?

"이 안건은 ○○월 △△일에 픽스되니까 그때까지 움직이세요."

회의 때 이런 말을 듣고 머릿속에 물음표가 가득했던 경험이 있을지도 모르고요.

그러나 곧 자신도 비즈니스 용어를 일상으로 쓰고, 업무도 원활하게 진행하지요.

어떤 세계에 적응해 결과를 낸다는 것은 주변 사람들이 쓰는 용어를 외우는 것과도 깊은 관련이 있습니다.

암기 연습은
중1 수학이 적당하다

제3장에서 얘기한 대로 수학은 언어입니다.

언어인 이상, 단어 암기는 무조건 필요합니다. 시험에서 문제 글에 모르는 단어가 있으면 풀지 못하지만, 말이나 글을 잘 이해하면 풀 수 있는 문제도 많습니다.

아무리 그래도 그렇지, 중1 수학으로 암기력을 단련하는 게 가능할까 의아해하는 분도 계시겠지요?

확실히 중1 수학에는 기억해야 될 단어가 적어서 암기와는 어울리지 않는 것처럼 보입니다.

하지만 그렇기에 더욱 질 좋은 암기법에 집중할 수 있습니다.

수험생은 한꺼번에 몇 개부터 몇십 개의 단어를 외웁니다. 많은 학생은 매일 100개 단위로 단어를 암기합니다.

그러나 어른이 되면 이렇게 많은 단어를, 그것도 단기간에 외울 일이 많지 않을 것입니다. 자격시험을 보는 사람이라면 어느 정도 암기량이 필요할지도 모르지만, 그렇다 하더라도 대학 수험생처럼 많은 시간을 할애해 대량으로 머리에 집어넣는 암기법은 쓰지 않습니다.

바쁜 와중에 정해진 시간 동안 암기하려면 양보다 질이 중요합니다.

이 장에서는 양질의 암기를 주제로 이야기해보겠습니다.

'암기는 적어야 편하다'는 오해, 한 번에 대량으로 암기해야 편하다

　여러분도 한번쯤은 통째로 암기하는 힘든 경험을 해봤을 것입니다.

　학교에서 시험공부를 할 때 벼락치기로 많은 영단어를 외우거나 역사 연호를 외운 경험이 있지 않나요?

　'그 많은 걸 어떻게 외워. 좀 적으면 괜찮을 텐데…'

　이렇게 생각한 적이 분명 있을 겁니다.

　그렇습니다. 대부분 사람은 암기량이 적어야 편하다고 생각합니다.

　그러나 사실은 반대입니다.

　암기는 대량으로 외워야 편합니다. 그래야 즐겁게 외울 수 있으며 잘 잊어버리지 않습니다.

　물론 '연구를 하면'이라는 조건이 붙지만요. 그러나 비결을 살짝만 잡으면 한 번에 대량의 정보를 외울 수 있습니다.

　이론보다는 증거지요.

　중1 수학으로 몸소 느껴보기 바랍니다.

원뿔이란
무슨 뜻일까?

처음부터 계속 '공통점', '차이점', '순서'가 중요하다고 주장했는데, 암기에서는 '공통점'을 적극적으로 사용하는 것이 포인트입니다.

새로운 것을 배우기 전에 제2장에서 나온 법칙을 한 가지 복습하겠습니다.

'같은 것은 외우지 않아도 되는 법칙'이 있었습니다. 새로운 정보가 나와도 이미 아는 것과 '공통점'이 있다면 외우지 않아도 됩니다.

그리고 제3장에서는 한 가지가 더 등장했습니다.

잘 모를 때는 '이유를 생각하는 법칙'입니다.

이 두 가지 법칙을 제대로 실천하면 암기력이 놀랄 정도로 향상됩니다.

한 가지 예를 들어 연습해보겠습니다.

다음 그림의 도형 이름은 무엇일까요?

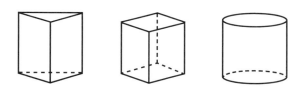

왼쪽부터 삼각기둥, 사각기둥, 원기둥입니다. 이 정도는 쉽죠?

그럼 다음 도형의 이름은 무엇일까요?

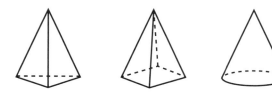

왼쪽부터 삼각뿔, 사각뿔, 원뿔입니다.

이들 도형의 이름은 아이들도 잘 외우고 있어서 정답률이 매우 높습니다. 아마 여러분도 많은 분이 맞혔을 겁니다.

그렇다면 질문을 바꿔보겠습니다.

이들 세 도형에 공통으로 들어가는 '뿔'을 나타내는 한자 錐의 뜻을 아시나요?

이 질문에 대답할 수 있는 학생은 확 줄어듭니다. 사실 거의 없습니다.

하지만 여러분은 아마 잘 알 것입니다.

'뿔'을 뜻하는 한자는 '錐(송곳 추)'는 '송곳'이라는 뜻이지요.

그렇습니다. 송곳입니다.

'송곳'은 끝이 뾰족한데, 겉보기에 닮았다고 해서 끝이 뾰족한 도형을 '○○뿔'이라고 부릅니다.

제 방식으로 말하자면 삼각뿔은 송곳과 '같은' 한자를 사용합니다.

저도 이 사실을 최근에야 알았습니다. 초등학교 때는 '삼각뿔', '사각뿔', '원뿔'이라고 이름을 통째로 외웠으니까요.

암기력을 높이려면
어원을 알아보자

여기서 '어원 알아보기 암기법'과 '연상 펼치기 암기법'을 제안해봅니다.

'어원 알아보기 암기법'은 새로운 정보가 들어오면 반드시 어원을 알아보는 습관을 들이는 방법입니다.

앞에서 들었던 사례에서는 '錐'라는 한자가 '송곳'을 어원으로 갖고 있었습니다. 그리고 이미 우리가 알고 있는 '송곳'과 원뿔이 '같은 한자'를 쓴다는 사실을 알았습니다. '공부는 스토리의 이해와 암기'라고 몇 번 언급했는데, 이렇게 정보와 정보를 연결하면 스토리(순서)가 만들어집니다.

이는 제3장에 등장한 '이유를 생각하는 법칙'을 한 단계 업그레이드한 것입니다. 말이기 때문에 맥락도 없이 이름이 붙은 경우도 있지만, 대부분 어원을 알아보면 그 나름의 인과관계(순서)가 존재합니다.

참고로 말하자면 '어원 알아보기 암기법'은 이미 앞에서 나왔습니다. 바로 '섹시 함수'에서요.

섹시 함수는 라틴어로 6을 'sex'라고 쓰는 것에서 유래했습니다. 영어 'six'와 비슷하다고 생각하면 절대 잊어버리지 않을 겁니다. 이것이 '어원 알아보기 암기법'의 좋은 예입니다.

'연상 펼치기 암기법'은 이름에서 보여주듯 생각나는 대로 연상하는 방법입니다.

연상할 때는 '공통점'에 주목하는 것이 중요합니다. 비슷한 점을 찾아도 좋고요.

이렇게 암기법을 소개해봤자 이미지가 떠오르지 않을 테니 실제로 도전해볼까요.

원뿔을 시작으로
끝없이 펼쳐지는 이야기!

다시 한 번 원뿔 이야기로 돌아가겠습니다.

엄밀히 따지면 어원은 아니지만, 영어와 관련짓는 것도 암기의 비결입니다.

혹시 원뿔을 영어로 뭐라고 하는지 아십니까?

원뿔을 영어로 하면…?

이것도 분명 들은 적이 있을 텐데 정답률이 낮은 문제입니다.

정답은 'cone'입니다.

그럼 지금부터 '연상 펼치기 암기법'을 시작해보겠습니다.

계속 해온 것처럼 무엇과 '같은지' 열거해보겠습니다.

예를 들어 공사 현장에서 진입 금지 표시를 위해 세워둔 빨간 원뿔을 뭐라고 부를까요?

컬러 콘입니다(로드 콘이나 파이론이라고도 부릅니다).

손가락에 끼우는 놀이를 하면서 먹었던 옥수수를 재료로 만든 원뿔 모양의 과자는요?

'꼬깔콘'입니다.

아이스크림 가게에 가면 컵에 담아서 먹을지 원뿔 모양 과자에 담아서 먹을지 묻습니다. 아이스크림이 녹기 시작하면 흘러내리는 원뿔 모양의 과자를 콘이라고 부릅니다.

이런 식으로 일상생활에 아주 많이 쓰이는데, '원뿔 = 콘'이라는 사실을 별로 인식하지 못합니다. 단어장을 펼쳐 암기하려고 하면 성가시게 느껴지는 단어도 일상생활과 연결하면 재미있어지죠?

'꼬깔콘'은 원재료가 옥수수지만, 영어에서는 옥수수를 '콘'이라고 합니다. 원뿔은 'cone'이고 옥수수는 'corn'이므로 스펠링이 다릅니다. 옥수수를 사용한 과자를 원뿔로 만들었으니, 이름을 잘 지었네요.

한편, 아이스크림콘은 'cone'으로 원뿔이 어원입니다. 콘이라고 부르기 때문에 원재료가 옥수수라고 자주 오해받지만 옥수수가 아니라 밀가루가 주원료입니다.

한 가지 더, 전설 속 이마에 뿔이 하나 달린 '유니콘ᶜᵘⁿⁱᶜᵒʳⁿ'이 있습니다.

영어로 'uni'는 숫자 '1'을 뜻합니다. 유니콘의 뿔은 무척 가늘고 길지만 원뿔 모양입니다.

'그렇구나, 하나(유니)의 원뿔(콘)을 갖고 있으니 유니콘이구나!'

그렇게 믿고 있었는데 사실은 아니었습니다. 유니콘의 콘은 원뿔의 'cone'이 아닙니다.

원뿔의 'cone'도 옥수수의 'corn'도 아닌, 뿔을 뜻하는 라틴어가 어원이라고 합니다.

친구, 지인에게 유니콘의 어원을 설명할 때는 주의하세요. 단, 이 책의 목적인 '암기력'이라는 관점에서 보면 '하나(유니)의 원뿔(콘)을 갖고 있으니 유니콘'이라고 외워도 문제없습니다.

여기서 더 나아가 유니콘의 'uni'에서 연상을 펼치면 'unique(독특한)', 'universe(우주)', 'unisex(한쪽 성별의)', 'unit(하나로 정리한)' 등 관련된 말이 매우 많다는 사실을 알 수 있습니다.

'隹'의
뜻은?

연상은 끝이 없습니다.

이번에는 한자 '錐'의 어원을 따라가보겠습니다.

공구로 쓰이는 송곳은 뾰족한 부분이 금속으로 만들어져 있습니다. 그래서 부수가 '金(쇠 금)'이라는 한자입니다. 이 부분은 어려움이 없겠지요.

그렇다면 '錐'의 나머지 부분은 어떤가요?

'隹'는 '새 추'라는 한자로, 어원은 꼬리가 짧은 조류의 통칭입니다.

그러고 보면 隼(매 준), 雀(참새 작), 雁(기러기 안), 雉(꿩 치), 雛(병아리 추) 등 새와 관련된 한자가 많습니다.

새의 부리를 상상해서 외워보면 어떨까요?

뾰족한 부리에서 원뿔이나 송곳을 연상해 '錐'라는 한자를 연상하면 이와 관련된 지식을 통째로 외울 수 있습니다.

이처럼 하나의 한자를 시작으로 다양한 연상을 하면 재미있게 많은 지식을 외울 수 있습니다.

암기의 비결은
관련짓기

 '錐(송곳 추)' 이야기를 하기 전에 암기는 대량으로 해야 편하다는 말을 했습니다.

 아무 관련이 없는 것들을 대량으로 기억하기란 매우 어렵습니다.

 그러나 '어원 알아보기 암기법'이나 '연상 펼치기 암기법'을 사용하면 대량의 정보가 잇따라 머리에 들어옵니다.

 이 두 가지 암기법의 공통점은 무엇일까요? 바로 '관련짓기'입니다.

 어원을 알아보면 정보가 연결되어 스토리로 만들어집니다. 또한 연상을 펼치면 각각 다른 정보가 관련지어집니다. 둘 다 정보와 정보를 연결하는 방법입니다.

정보를 무조건 하나하나 머릿속에 집어넣는 것은 고통일 뿐입니다. 그러나 관계없다고 생각했던 지식이 생각지도 못한 곳에서 연결되면 재미있기 때문에 기억할 수 있습니다.

이 책을 읽기 전에 꼬깔콘과 아이스크림을 머릿속에서 연결 지은 사람이 얼마나 될까요?

그러나 '원뿔cone'을 알게 되면 저절로 연결됩니다.

'錐'에서 부수金를 제외한 한자隹에 주목하면 지금까지 쓸 수 없었던 雀(참새 작)이나 雉(꿩 치)도 쓸 수 있습니다.

이렇게 한 가지를 펼쳐 흥미가 가는 대로 지식을 연결하는 것입니다.

저는 이것을 의도적으로 연상해보라고 권합니다.

이 한자는 무슨 뜻일까?

영어로는 뭐라고 할까?

관심이 조금이라도 생겼을 때 스마트폰으로 찾아보면 이미 알고 있는 지식과 '같다'는 사실을 깨닫는 경우가 많습니다.

'암기'라고 하면 새로 외워야 한다는 생각이 앞서지만 이미 알고 있는 지식과 연결하면 새로 외울 필요가 없습니다.

'뭐야, 이미 아는 사실이잖아.'

이렇게 되면 암기하는 것이 고통스럽지 않습니다.

따라서 '공통점'을 찾는 것이 아주 효과적입니다.

노선도처럼
암기하자

 '어원 알아보기 암기법'과 '연상 펼치기 암기법'의 장점은 편하게 외울 수 있으며 외우는 속도가 빨라진다는 점뿐만이 아닙니다.

 잘 잊어버리지 않습니다.

 학생을 지도하다보면, 잘 외워지지 않는다는 고민과 비슷할 정도로 잘 까먹는 것 때문에 고민하는 학생이 많습니다. 그래서 탐구한 결과, 원인이 같다는 사실을 알아냈습니다.

 문제는 이른바 통암기를 하기 때문이었습니다.

 무슨 뜻인지도 모른 채 머리에 집어넣는 것은 고통스러울 뿐 아니라 금방 잊어버립니다. 그러나 뜻을 잊어버리지 않도록 암기하는 것이 좋은 암기입니다.

관련사항을 확실히 지어두면 잘 잊어버리지 않습니다. 독자 여러분의 머릿속에는 아마 '錐'라는 한자가 남았을 것입니다. 이것이 관련을 지은 성과입니다.

잘 잊어버리지 않는 기억의 이미지 중 하나가 지하철 노선도 입니다.

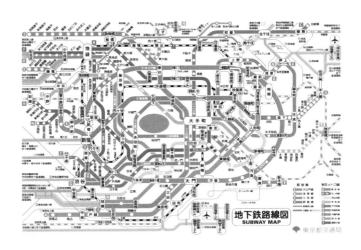

일본에서 가장 복잡한 것으로 유명한 도쿄 근교의 노선도입 니다.

정보를 관련짓는 것이 포인트라고 설명했는데, 노선도는 많은 역이 여러 노선으로 묶여 그물코처럼 되어 있습니다.

역이 선로에 묶여 있지 않으면 아무 의미 없는 것과 마찬가지로, 정보 역시 다른 정보와 관련되어 있지 않으면 기억이 약해집니다.

그물코가 복잡해질수록 강도가 세지는 것과 같습니다. 그물코가 엉성하면 바로 찢어지고 말지요.

새로운 정보를 기억할 때나 뜻도 모르고 외운 단어를 발견했을 때는 어원을 찾아보고 연상을 펼쳐보세요.

분명 암기력이 현저하게 향상될 것입니다.

두 종류의 암기력 -
의미 기억과 절차 기억

　여기까지 '錐(송곳 추)'라는 글자에 주목해서 이야기를 펼쳐봤습니다. 아마도 ○○추, 컬러 콘, 꼬깔콘, 유니콘, 雀(참새 작), 雉(꿩 치), 隼(매 준) 등이 함께 외워졌을 것입니다.

　이처럼 정보를 머릿속에 집어넣으면서 지식이 늘어나는 기억을 뇌과학에서는 '의미 기억'이라고 부릅니다.

　기억의 종류에 이것만 있는 것은 아닙니다.

　예를 들어 어제저녁 식사는 어디서 누구와 무엇을 먹었는가 하는 과거 경험의 기억, 레몬을 보면 침이 나오는 몸의 반응 등도 뇌과학에서는 다른 종류의 기억으로 구별해 생각한다고 합니다.

　이 책에서는 그처럼 세세하게 분류하지 않고 '절차 기억'만 다루려고 합니다.

절차 기억은 자전거 타는 방법이나 헤엄치는 법, 퍼즐 푸는 법 등 같은 경험을 반복함으로써 자동적으로 기능해 더 오랜 기간 유지된다는 것입니다.

전철이나 자동차만 이용한다 하더라도 어릴 적에 배운 자전거 타는 법을 잊어버리지 않고, 여러 번 부른 노래의 가사를 자연스럽게 흥얼거리는 현상 등이 대표적인 사례입니다.

저는 부모님의 영향으로 어릴 적부터 피아노를 배웠습니다. 10년 넘게 배워 초등학교 때는 교가 반주를 하기도 했습니다.

그러나 중학생 때 피아노를 그만둔 뒤 고등학교, 대학교, 사회인이 되면서 피아노를 칠 일이 거의 없었습니다.

서른 살을 코앞에 뒀을 때 우연히 피아노를 칠 기회가 생겼습니다. '이제 못 치겠지' 하는 생각을 안고 피아노 건반에 손을 올린 순간, 몇 번 실수하긴 했지만 점점 기억이 되살아나서 10분 정도 지난 뒤에는 어릴 적에 좋아했던 〈드래건 퀘스트〉의 오프닝 주제가를 연주할 수 있었습니다. 당연히 악보가 있을 리 없으니 손의 기억에 의지해 연주했는데 점점 기억이 되살아났습니다.

이것이 바로 '절차 기억'의 전형적인 사례입니다.

기억은 스마트폰과
애플리케이션의 관계와 같다

　'의미 기억'과 '절차 기억'에 대해 평소 학생들에게 하는 이야기가 있습니다.

　최근에는 초등학생이나 중학생들도 스마트폰 애플리케이션을 자주 사용합니다. 예전에는 "우리 애는 텔레비전에서 눈을 떼질 않아요"라는 상담을 받았는데, 요즘에는 "우리 애는 하루 종일 동영상만 봐요"라는 상담을 받곤 합니다.

　스마트폰이 좋은지 나쁜지는 모르겠지만, 스마트폰을 예로 들어 수업을 하면 아이들은 이해하기 쉬운 모양입니다.

　스마트폰을 가지고 놀 때 대부분 애플리케이션을 다운로드하지요.

　그러나 다운로드만 해서는 의미가 없고, 열어서 사용하는 동작이 필요합니다.

이처럼 스마트폰에는 애플리케이션을 다운로드해 정보를 저장하는 기능과 다운로드한 정보를 열어 사용하는 기능이 있습니다.

컴퓨터로 말하면 HD(하드디스크) 기능과 CPU(중앙 처리 장치) 기능으로 구분할 수 있겠네요.

정보를 저장하는 기능과 저장된 정보를 사용하는 기능을 앞서 말한 '의미 기억'과 '절차 기억'에 그대로 옮겨보겠습니다.

'의미 기억'이란 새로운 정보를 기억하는 작업이니, 애플리케이션을 다운로드하는 것과 같습니다.

그러나 애플리케이션을 다운로드만 해서는 의미가 없습니다. 다운로드하면 사용해야 합니다. 이것이 '절차 기억'입니다.

외우기＝의미 기억＝애플리케이션 다운로드
사용하기＝절차 기억＝애플리케이션 실행

이와 같습니다.

참고로 공부에는 외우는 과목과 생각하는 과목이 있다고 합니다.

사회 계열 과목이 대표적인 외우는 과목입니다. 역사, 지리 등은 암기하는 과목입니다. 과학에서는 생물이 암기 과목에 가깝고요. 물론 영단어나 고전문학 단어도 암기해야 하지만요.

이에 비해 수학은 생각하는 과목입니다. 외울 것은 적지만 식을 세우거나 계산하는 등 머리를 많이 써야 합니다. 국어의 문장 독해도 생각하는 과목이라고 할 수 있습니다.

앞서 나온 스마트폰의 애플리케이션 이야기로 비유한다면 외우는 과목은 애플리케이션 다운로드이고, 생각하는 과목은 애플리케이션 실행입니다.

단, 애플리케이션은 터치 한 번으로 알아서 실행해주지만 공부는 그렇지 않습니다. 계산하다가 실수도 하고, 문장을 잘못 읽기도 합니다.

그렇다면 어떻게 해야 이런 실수를 없앨 수 있을까요?

자전거를 탈 줄 알면
계산을 마스터할 수 있다

수학에서는 계산이 '절차 기억'에 해당합니다.

수학 계산은 머리로 천천히 생각하면서 하는 것이 아닙니다.

처음에는 선생님이 본보기를 보여준 방법을 눈으로 좇으면서 공식에 하나하나 대입합니다. 그러나 여기서 끝이 아닙니다.

자전거를 탈 때에 비유해보면, 처음에는 어색하게 페달을 밟습니다. 그렇게 몇 번 반복해서 연습하면 마침내 균형을 잡고 속도를 내거나 커브를 돌 정도로 실력이 좋아집니다.

〈드래건 사쿠라〉라는 만화가 있습니다.

드라마로 방송되기도 했는데, 한때 폭주족이었던 가난뱅이 변호사 사쿠라기가 전국 평균 점수를 한참 밑도는 고등학생을 1년 만에 도쿄 대학에 합격시키기 위해 분투하는 내용입니다.

각 과목에서 전국 톱클래스의 실력을 지닌 선생들이 모여 기발한 지도를 한다고 해서 큰 화제를 모았습니다.

영어 수업 때는 에어로빅을 하면서 비틀스의 가사를 암송하고, 사회 과목 때는 나무 그림을 그리면서 용어를 외우고, 수학 수업 때는 탁구를 하면서 계산 연습을 합니다.

공부에 도움이 될지 도통 알 수 없는 방법 같아 보이지만, 저는 경험상 이치에 맞는다고 느꼈습니다.

탁구를 이용한 수학 훈련에서는 상대방이 공을 치는 동시에 계산 문제를 내고, 받아치면서 대답해야 합니다.

요컨대, 머리로 생각한 뒤 답을 말하면 늦기 때문에 무의식중에 반사적으로 계산할 수 있도록 단련하는 훈련입니다.

눈치챘겠지만, 그야말로 '절차 기억'입니다. 스마트폰이나 컴퓨터처럼 기계에 가까워질수록 좋은 것입니다.

계산할 때는 마음을 비웁니다. 언제든 터치 한 번으로 스마트폰을 실행할 수 있듯이, 뇌도 '계산 시작' 버튼을 누르면 자동적으로 실수 없이 빠르게 실행하는 것이 가장 이상적입니다.

일차방정식 계산이
이렇게 간단해!

그럼 '절차 기억'을 익히려면 어떻게 해야 할까요?

제2장에서는 양수와 음수, 제3장에서는 문자식 계산을 다뤘는데, 교과서의 흐름에 맞춰 제4장에서는 일차방정식에 대해 알아보겠습니다.

방정식이라고 하면 어렵다는 생각부터 들지 모르지만, 교과서를 자세히 보면 양수와 음수나 문자식에 비해 중요도가 적습니다.

일차방정식의 계산 방법에서는 외울 것이 거의 없습니다.

그럼 방정식 계산 법칙을 볼까요.

방법 (A) 방정식의 기본 법칙

A = B일 때

① $A + C = B + C$

② $A - C = B - C$

③ $A \times C = B \times C$

④ $A \div C = B \div C$

사칙연산 등장
단, $C \neq 0$

위와 같이 = 의 양변에 같은 수를 더하거나 빼거나 곱하거나 나눠도 좋다는 네 개의 계산식이 있습니다.

사칙연산과 '같은' 식입니다. 덧셈, 뺄셈, 곱셈, 나눗셈을 양변에 똑같이 해도 좋은 것이 방정식의 법칙입니다.

적어도 대학 입시까지는 이 법칙 외엔 나오지 않습니다. '뭐야, 사칙연산이랑 같네'라고 생각되면 '같은 것은 외우지 않아도 되는 법칙'이 있으니 신경 쓰지 말고 넘어가면 됩니다.

'차이점'은 양변에 공평하게 실시한다는 점과 나눗셈만 추가 법칙이 있다는 점입니다.

이 책에선 신경 쓸 필요가 없지만, 수학에서는 '0으로 나누면 안 된다'는 법칙이 있어 조건을 붙였습니다.

이 부분만 다르기 때문에 한두 개만 외우면 됩니다.

이항도 이미 아는 방법과
'같다'

'좋아, 방정식을 풀 수 있어!' 하고 기뻐하기에는 아직 이릅니다.

'절차 기억'은 애플리케이션과 마찬가지로 버전 업그레이드가 필요합니다.

방정식 계산에서도 새로운 계산 방법으로 '이항'이라는 방법이 등장합니다.

앞서 네 개의 계산만 자유자재로 사용한다면 필요 없지만, 이항을 하면 계산 속도가 훨씬 빨라지고 정확도도 높아지기 때문에 일반적으로 많이 쓰는 방법입니다.

이제부터 양쪽을 비교하며 이야기하겠습니다. 알기 쉽게 설명하기 위해 이름을 붙이겠습니다.

앞서 소개한 방정식의 기본 법칙을 이용하는 계산 방법을 (A), 이항해 계산하는 방법을 (B)라고 하겠습니다.

그럼 방법 (B)란 어떤 것인지 볼까요.

방법 (B) 이항

① A + C = B일 때, A = B − C
② A − C = B일 때, A = B + C   +와 −를 바꾼다

③ A × C = B일 때, A = B ÷ C
④ A ÷ C = B일 때, A = B × C   ×와 ÷를 바꾼다

※엄밀히 따지면 ③과 ④는 이항이라고 부르지 않습니다.

+가 = 의 반대쪽으로 가면 −가 되고, −가 = 의 반대쪽으로 가면 +가 됩니다.

마찬가지로 곱셈은 = 의 반대쪽으로 가면 나눗셈이 되고, 나눗셈은 곱셈으로 바뀝니다.

그런데 이 방법도 어디에서 본 것 '같지' 않나요?

수학에서는 덧셈과 뺄셈이 짝꿍이고 곱셈과 나눗셈이 짝꿍이 되는 일을 종종 볼 수 있습니다.

양수와 음수에서도 −를 한 번 곱할 때마다 +가 되었다가 −가

되었는데, +가 갑자기 ×가 되거나 ÷가 되는 일은 없습니다.

'÷2'와 '×'는 같은 계산으로 다루지만, ×가 갑자기 +로 바꿜 일은 없습니다.

요컨대, 방법 (B)도 지금까지 했던 것과 '같은 감각'으로 계산하면 된다는 뜻입니다.

카레 레시피를 외우듯
수학 문제를 풀자

그럼 방법 (B)로 계산하면 더 빨라지는 이유는 무엇일까요?

지금까지 했던 것처럼 비유하면서 설명하겠습니다.

카레라이스는 누구에게나 인기 있는 음식입니다. 레시피를 따라서 하면 누구나 어렵지 않게 만들 수 있습니다.

카레를 생산하는 대표적인 회사인 일본 S&B 식품의 웹사이트에 실린 카레 레시피를 인용해보겠습니다.

① 채소를 썬다

② 고기를 볶는다

③ 커민(케밥 특유의 향을 내는 향신료) 씨를 넣는다

④ 채소를 볶는다

⑤ 물과 월계수 잎을 넣고 끓인다

⑥ 거품을 걷는다

⑦ 카레 루를 넣는다

⑧ 가람 마살라(인도의 배합 향신료로 매운 맛이 난다)를 넣는다

⑨ 그릇에 담는다 *

이 '순서'대로 하면 누구든 맛있는 카레를 만들 수 있습니다.

사실 수학 문제 풀이도 레시피처럼 나타낼 수 있습니다. 앞서 나온 계산 방법 (A)와 (B) 모두 레시피로 만들 수 있습니다.

방법 (A) 방정식의 기본 법칙

$A + C = B$

$A + C - C = B - C$

$A = B - C$

첫 번째
양변에 $-C$를 붙인다

두 번째
$+C - C = 0$이므로 없앤다

방법 (B) 이항

$A + C = B$

$A = B - C$

첫 번째
왼쪽의 $+C$를 없애고
오른쪽에 $-C$를 붙인다

---

* 나라마다 만드는 방법이나 재료가 약간 다르나 레시피를 보여주는 것에 의미가 있으므로 원서 그대로 따릅니다.

방법 (A)는 절차가 두 번 필요한 계산이지만, 방법 (B)는 한 번이면 결과가 나옵니다.

즉, 계산 절차가 적기 때문에 (B)가 더 빠른 것입니다.

이 식의 변형을 중고등학교 때 수없이 다룹니다. 다시 말해 방법 (B)의 계산 법칙을 익히면 편하게 계산할 수 있고 속도도 빨라집니다.

게다가 절차가 줄어들면 그만큼 계산 횟수가 줄어 계산의 정확도도 올라가고 실수도 줄어듭니다.

제3장에서 계산을 실수하는 원인은 다음 세 가지라고 소개했습니다.

① 계산할 때 헛심을 쓴다(생략할 수 있는 계산을 생략하지 않는다)
② 일부러 어려운 계산을 한다(연구하지 않는다)
③ 비밀(제4장에서 자세히 설명하겠습니다)

이 중 ①과 ②가 정확히 이 부분입니다. 일부러 번거로운 방법으로 헛심을 쓰며 계산할 때 나오는 실수이기 때문에 가장 좋은 방법으로 계산하면 이 문제는 해결됩니다.

이항은 계산 방법이 매우 간단하기 때문에 숙지하지 못하는 학생이 적습니다.

그러나 학년이 올라가면 간단해지는 계산 방법이 있는데도 받아들이지 않는 학생이 있습니다. 귀찮아도 과거에 익숙하게 했던 계산 방법을 고집하기 때문입니다.

선생님 입장에서 볼 때 이대로 하면 속도도 느리고 계산 실수도 생겨 걱정되더라도 학생이 거부하면 도움을 줄 수 없습니다.

실력이 더 향상되기를 바란다면 포용하는 마음을 가져야 합니다.

최강이
되려면?

계산력이란 빠르고 정확하게 계산하는 힘을 말합니다.

'빠르고 정확하게'를 모두 충족시키기란 매우 어렵습니다.

속도를 올리면 실수가 늘어나고, 찬찬히 계산하다보면 느려집니다.

그러니 모두가 만족하기란 어려워 보입니다.

그러나 해결 방법이 있습니다.

반복입니다.

앞서 지나쳤던 ③ 비밀(제4장에서 자세히 설명하겠습니다)이 바로 반복입니다.

인간은 적응하는 동물입니다. 계속하면 할수록 그 방법이 정착되어 같은 동작을 몇 번이고 반복할 수 있습니다.

이는 야구의 스윙이나 자전거 타는 법처럼 신체적인 동작에만 적용되는 것이 아니라 뇌의 작용에서도 '마찬가지입니다'.

스마트폰의 애플리케이션 실행과 마찬가지로 뇌 안에 있는 '계산 문제' 버튼을 누른다고 이야기했는데, 인간은 반복할수록 '기계화'되어 실수 없이 같은 동작을 반복하게 됩니다.

방금 전의 방법 (A)와 (B)로 한번 해보겠습니다.

번거로운 방법 (A)로 계속 계산하면 방법 (A)로 계산하는 기술이 향상되어 속도도 정확도도 좋아지기 때문에 어느 정도 결과가 나옵니다. 그렇게 되면 더 효율적인 방법 (B)가 있는데도 방법 (A)를 고집해 다른 방법을 받아들이지 않으려 합니다.

한편, 처음부터 방법 (B)를 순순히 받아들여 반복 연습을 한 사람은 방법 (A)를 고집하는 사람보다 더 빠른 시간에 정확한 결과를 얻을 수 있기 때문에 반복 연습을 게을리하는 경향이 있습니다.

바꿔 말하면, 방법 (A)를 고집하는 사람은 요령을 모른 채 열심히 노력하는 사람이고, 방법 (B)를 믿고 노력을 게을리하는 사람은 요령 있는 사람이 될 것입니다.

어느 쪽을 좋게 평가해야 할까요?

입시에서는 일반적으로 전자가 더 좋은 평가를 받습니다.

방법 (A)를 고집해 번거롭더라도 우직하게 노력하는 사람이 칭찬받고, 효율적이더라도 노력하지 않는 사람은 크게 인정하지 않습니다.

그러나 진정한 실력을 발휘하면 형세가 역전됩니다.

방법 (A)를 그대로 쓰는 사람은 실력을 발휘해봤자 한계가 있지만, 방법 (B)로 설렁설렁 결과를 내왔던 사람이 마음을 다잡고 공부하기 시작하면 성적이 몰라보게 향상됩니다.

즉, 효율적인 방법으로 진정한 실력을 발휘하며 노력하는 것이 가장 좋은 방법이지요.

이를 '공통점', '차이점', '순서'로 정리해보겠습니다.

지금까지 자신이 사용한 '같은 방법'을 계속 고집한다고 해서 반드시 좋은 것은 아닙니다.

지금까지 해온 방법과 '다른 방법'이라 할지라도 객관적으로 봤을 때 좋은 방법이라면 고집을 버리고 받아들여야 합니다.

그런 다음 그 새로운 방법의 작업 '순서(레시피)'를 철저하게 반복합니다.

반복하고 반복하고 또 반복해서 다른 사람들보다 두 배, 세 배 더 훈련하면 웬만한 것은 훨씬 잘하게 됩니다.

현재의 자신에서 벗어나고자 한다면, 현재와 '다른 면'에 주목할 필요가 있겠지요.

여기서도 스마트폰이나 컴퓨터를 참고로 하면 됩니다. 절차 기억은 스마트폰이나 컴퓨터처럼 완전히 똑같은 작업을 실수 없이 고속으로 반복하는 것이 가장 이상적이기 때문입니다.

그러나 인간은 기계처럼 계산하지 못합니다. 이것저것 생각하느라 예상치 못한 일도 저지르고 실수도 합니다. 그러므로 반복해서 익숙해지는 방법으로 실수를 줄여야 합니다.

그리고 더 좋은 계산 방법을 찾으면 스마트폰의 버전을 업그레이드하듯이 새로운 방법을 도입합니다. 그런 다음 익숙해질 때까지 반복합니다.

이것이 바로 '절차 기억'을 익히는 방법입니다.

스마트폰과 달리 실행할 때마다 성능이 향상된다는 점이 재미있습니다. 사용하면 할수록 '절차 기억'이 정착됩니다.

믿을 수 없는 수준에 도달한
사람들의 사례

그럼 실용적인 방법으로 들어가보겠습니다.

영어를 무척 잘한다는 게이오기주쿠 대학 학생에게 들은 이
야기입니다.

그때까지 영어를 잘한다는 학생을 많이 만나봤지만, 그는 그
중에서도 특출 났습니다.

일본에서 가장 어려운 영어 문제를 내는 학교는 게이오기주
쿠 대학 법학부라는 이야기가 있습니다. 제한 시간 90분 동안
매우 어려운 다량의 영문을 읽어야 하기 때문에 문제를 끝까지
풀기도 벅차다고 합니다.

그러나 그는 30분 만에 모든 문제를 풀었다고 했습니다. 처음
에는 말도 안 된다고 생각했는데, 이야기를 자세히 들으니 정말

이었습니다.

제가 주관하는 학원에서는 특히 공부법에 신경 써서 가르칩니다. 공부의 양이 많은 것은 당연하죠. 양뿐 아니라 질에도 신경 써서 성과를 내는 구조입니다.

공부법이 확립되면 복습 시간이 매우 짧아집니다. 고등학교 수학에 이차함수라는 단원이 있는데, 학교 수업에서는 1~2개월, 보통 학생이 집에서 혼자 복습을 마치려면 열흘은 족히 걸립니다. 물론 느린 학생들은 몇 개월씩 걸리기도 하죠.

그런데 제 학생들은 5분 만에 복습을 마칠 때가 있습니다. 한시간이나 두 시간이면 한 단원을 충분한 수준에서 마칠 수 있습니다.

이처럼 깜짝 놀랄 만한 성과나 훌륭한 성과를 내는 학생들을 인터뷰해보니 공통점이 보였습니다.

그것은 바로 '눈사람 법칙'이었습니다.

눈사람
법칙

눈사람은 어떤 '순서'로 만들죠?

먼저 작고 단단한 눈덩이를 만든 다음 그 눈덩이를 땅에 굴려 점점 크게 만드는 것이 일반적인 방법입니다.

이와 마찬가지로 공부나 업무에서도 일단 작더라도 질 높은 것을 만든 다음 그것을 점점 불리는 '순서'로 노력하면 성과가 몰라보게 향상된다는 사실을 깨달았습니다.

가장 중요한 점은 작은 눈덩이 부분, 즉 시작 단계에서 얼마나 질 높은 것을 만들 수 있느냐 하는 것입니다.

이 사실을 깨달았을 때, 가장 큰 영향을 받은 것이 피아노였습니다. 제가 피아노를 배우던 시절을 떠올려보면, 처음에는 천천히 해도 좋으니 한 소절씩 확실하게 치도록 지도를 받았습니다. 그 부분을 치면 다음 소절로, 그리고 또 다음 소절로 점점 칠 수 있는 소절을 늘려갑니다. 그리고 마지막까지 칠 수 있게 되면 이번에는 다른 한 손으로 똑같은 과정을 반복해 양손을 합쳐서 칠 수 있도록 합니다. 양손으로 마지막까지 칠 수 있게 되면 속도나 강약을 조절합니다.

스포츠도 마찬가지입니다. 농구에서 느린 드리블을 전혀 하지 못하는 사람이 프로처럼 멋있게 빠른 드리블을 할 수는 없습니다. 처음에는 좋은 폼으로 천천히 확실하게 마스터하는 것이 중요합니다.

최근 센터 시험은 시간과의 싸움이라는 이야기가 많습니다. 그러나 센터 시험 때 처음부터 시간에 신경 써서 초조하게 풀면 안 됩니다. 오히려 시간에 제한을 두지 않고 만점을 받을 수 있도록 정확하게 푸는 것이 중요합니다.

서너 번 연속으로 만점을 받았을 때 비로소 속도에 초점을 맞춥니다.

이런 학생은 만점을 받는 방법을 알기 때문에 시간을 단축해도 고득점을 받을 수 있습니다. 방법을 모르는데 시간에만 급급해하면 고득점을 받을 수 있을까요?

게이오 대학 법학부의 문제를 30분 만에 푼 그는 이 과정을 철저하게 밟았다고 합니다. 영문을 완벽하게 읽는 법을 완성한 다음 철저하게 반복 연습을 한 결과 그만큼 빨리 영문을 읽게 된 것입니다.

또 성적이 좋은 학생은 한 번 공부한 내용을 좀처럼 잊어버리지 않습니다. 처음 공부할 때 확실히 완성하기 때문에 두 번째나 세 번째 공부할 때는 단시간에 마칩니다.

반대로 성적이 부진한 학생은 몇 번이나 같은 단원을 복습합니다. 전에 했던 단원 내용을 잊어버리고 나중에 불안해져서 몇 번이나 복습하지요.

복습을 여러 번 하는 것은 나쁘지 않지만, 복습하지 않아도 되는 방법으로 공부하지 않으면 결국 아무것도 자기 것으로 만들지 못한 채 끝나버립니다.

참고로 이 방법을 잘 다듬으면 이차함수 복습을 5분 만에 끝낼 수도 있습니다. 한 번 습득한 문제는 잊어버리지 않도록 공부하기 때문에 이차함수 복습 때 문제를 보기만 해도 해법이 머리에 떠오릅니다.

반드시 풀 수 있다고 확신하는 문제는 다시 풀 필요가 없습니다. 따라서 문제집에 나온 문제들을 획획 한 번 보고 풀지 않은 채 마지막까지 넘기는 것이지요. 즉, 5분 동안 문제를 한 번 훑는 것입니다.

'눈사람 법칙' 설명에서 혹시 익숙한 느낌을 받지 않았나요?
이미 눈치챘을지도 모르겠습니다. 사실 '눈사람 법칙'은 앞에서 설명한 '절차 기억'의 습득법과 똑같습니다.
올바른 절차를 알고 그 방법을 반복해서 훈련해 정확도와 속도를 올리는 것이 전부입니다.
'절차 기억'이든 '눈사람 법칙'이든 사실 '똑같습니다'.
즉, 중1 수학에 놀랄 만큼 성과를 올릴 수 있는 힌트가 담겨 있는 것입니다.

어떤 분야에서 엄청난 성과를 올린 사람은 다른 분야에서도 성공한다는 이야기를 들어봤을 것입니다. 재능이 뛰어나서 성공하는 사람도 있겠지만, 노력 없이 성공한 사람은 없습니다. 무작정 노력하는 것이 아니라 노력하는 방법이 훌륭한 것이지요.
어느 부분에서 힘을 얼마나 쏟아야 주변 사람들보다 큰 성과를 낼 수 있는지 안다면 무엇이든 할 수 있습니다.

제4장 한눈에 보기

- 암기에는 '의미 기억'과 '절차 기억'이 있다.
- 암기는 관련을 지어 대량으로 외우는 것이 비결이다.
- '어원 알아보기 암기법'과 '연상 펼치기 암기법'을 사용한다.
- 요리 레시피처럼 절차(순서)를 정확히 실행한다.
- 결과가 나오기 쉬운 방법으로 실력을 발휘한다.
- '눈사람 법칙'으로 범위를 넓힌다.

제5장

세 가지 힘을
통합하기

논리력과 언어력과 암기력을 섞은 통합력 기르기

지금까지 논리력, 언어력, 암기력에 대한 이야기를 해왔는데, 이 장에서는 이 세 가지를 섞은 실용적인 내용으로 들어가겠습니다.

제2장에서는 양수와 음수를 주제로 논리력에 대해 설명했고, 제3장에서는 문자식 계산을 주제로 언어력을 배웠으며, 제4장에서는 평면도형과 방정식을 주제로 암기력에 대해 이야기했습니다.

책 구성상 이렇게 설명했지만, 결코 단순한 이야기가 아닙니다. 양수와 음수로 언어 이야기를 할 수도 있고, 방정식으로 논리 이야기를 할 수도 있습니다. 제가 형편상 각 측면을 잘라냈을 뿐입니다.

실제로는 논리도 언어도 암기도 동시에 사용하면서 생각합니다. 공부를 할 때도 일을 할 때도 일상에서도 다양한 힘을 조합하고 있을 것입니다.

　따라서 이 장에서는 되도록 알기 쉽게 논리력과 언어력과 암기력을 조합하면서 진행하겠습니다.

방정식의 문장제를
레시피로 만들기

그럼 먼저 방정식의 문장제를 생각해볼까요?

방정식의 문장제는 매년 많은 중학교 1학년 학생이 수학을 싫어하게 만드는 악명 높은 분야입니다.

그러나 대부분의 학생이 생각지 못한 부분에서 시련을 겪습니다.

아무튼 먼저 문제를 보겠습니다.

방정식의 문장제

 어떤 수에 4를 더한 수의 3배는 원래 수를 5배 한 뒤 2를 뺀 수와 같습니다. 원래 수를 구하세요.

가장 전형적이고 가장 간단한 문제를 예로 들었습니다.

답의 '순서', 즉 레시피는 다음과 같이 4단계로 되어 있습니다.

답

① 원래 수를 x로 둔다
② 문제의 글대로 식을 세운다

$(x + 4) \times 3 = x \times 5 - 2$

③ 방정식의 법칙에 따라 x의 값을 구한다

$3x + 12 = 5x - 2$

$3x - 5x = -2 - 12$ ⟩ 이항

$-2x = -14$ ⟩ 양변을 -2로 나눈다

$x = 7$

④ 문제에서 묻는 대로 답한다

따라서 <u>원래 수는 7</u>이다

'x의 값을 구하시오'라는 문제
가 아니므로 '$x = 7$'로 답하면
안 된다

제4장 후반에서도 '절차 기억' 습득법으로 방정식의 '단순한 계산 문제'를 예로 들었습니다. 이 장에서는 '문장제'의 방정식 문제가 등장했습니다.

이제 무엇이 '공통점'이고 무엇이 '차이점'이며 어떤 '순서'였는지 알아볼까요.

④까지의 절차 가운데 ③과 ④는 제4장과 '공통점'입니다. 즉, 방정식의 기본 법칙을 사용하면서(가능하면 이항을 사용해 계산 속도를 올리고 정확도를 높이면서) 계산을 진행하는 것입니다. 무수히 많이 등장하지만, '공통' 부분은 기억할 필요가 없습니다.

따라서 문장제에서는 ①과 ②가 어려운 부분입니다.

방정식의 문장제는
'번역' 작업

문장제에서 ①과 ②는 처음 등장합니다.

① 원래 수를 x로 두기, ② 문제의 글대로 식을 세우기 중 어느 쪽이 더 어려울까요?

①에서 x를 어디에 두어야 하는지도 어려운 문제지만, 보통은 ②에서 많이 막힙니다. 문장제대로 식을 세우기는 어렵습니다.

이는 '번역'에 가깝습니다. 식 세우기란 수학어로 번역하는 것과 같습니다.

제3장 서두에서 '$2+3=5$'에 대한 이야기를 했는데, 기억하시나요?

글로는 '이 더하기 삼은 오', 영어로는 'Two plus three is five' 라고 쓰는 것을 수학식에서는 '2 + 3 = 5'라고 쓴다는 것입니다.

'2 + 3 = 5' 정도라면 글로 해도 어렵지 않지만, 문장제 단계가 되면 머릿속에서 순간 변환하기가 어려워집니다.

글을 잘 읽고 무엇과 무엇이 3배인지, 무엇과 무엇이 같은지 찬찬히 생각해야 합니다.

이 문장을 수학으로 번역하는 작업이 어려워서 벽에 부딪히 는 것입니다.

어떤 수에 4를 더한 수의 3배는 원래 수를 5배 한 뒤, 2를 뺀 수와 같다

x

$x + 4$

x

$x \times 5$

문장

⇓

수학의 방정식

$(x + 4) \times 3 = x \times 5 - 2$

'번역'의 힘이야말로
비즈니스에서 유용하다

왜 번역하기가 까다로울까요?

가장 직접적인 이유는 충분한 훈련이 되지 않았기 때문입니다.

학교 교육에서는 누군가가 만든 문제에 대해 의문을 갖지 않고 푸는 힘이 요구됩니다.

계산 문제집에는 많은 문제가 실려 있어 이미 식이 세워진 문제를 푸는 훈련만 계속하도록 되어 있지요.

그러다보니 스스로 식을 세우는 경험이 적을 것입니다.

문제에 쓰인 내용을 정확히 파악하는 작업은 초등학교 때도 어느 정도 하지만, 알파벳이 들어간 문자식으로 변환해 식을 세우는 것은 처음입니다.

요컨대, 처음으로 하는 경험이기 때문에 헤매는 것입니다.

초등학교 때 학원에 다니거나 중학교 입학 시험을 경험한 학생들은 문자식까지는 다루지 않더라도 '번역'에 가까운 훈련을 많이 합니다. 한편 학원에 다니지 않는 학생들은 대부분 처음 경험하는 작업이기 때문에 상대적으로 따라가기가 힘들어집니다.

이와 같은 이유로 반에서 격차가 생기고 싫어하는 마음도 생기기 쉽습니다.

방정식의 문장제는 먼저 수식으로 '번역'하지 않으면 풀 수 없는데, 이것은 자신이 잘하는 분야로 끌고 오는 작업입니다.

문장제를 그대로 두면 풀 수 없지만, 수식으로 바꾸면 풀 수 있습니다. 따라서 수식으로 바꾸는 과정에서 고생합니다. 어려운 대학 입시 문제도 이런 패턴이 대부분입니다. 수식으로 바꾸기까지의 과정에서 어려움을 겪지요.

이는 일상생활이나 업무 현장에서도 매우 유용합니다.

자신이 어려움을 겪는 분야에서 싸우지 말고 강점을 살릴 수 있는 분야에서 싸우는 것은 기본 중의 기본입니다. 수학에서는 수식으로 만들면 반드시 풀 수 있다는 사실을 알고 있으니 더 그렇습니다.

주어진 수식의 풀이는 잘하지만 글을 수학어로 번역하는 작업에서 헤맨다는 것은 '스스로 문제 설정하는 것에 어려움을 겪는' 사회인과 매우 닮았습니다.

학교 수업에서는 반드시 공식이 있고 선생님이 풀이를 보여주기 때문에 학생 입장에서는 수동적으로 배우게 됩니다.

그러나 학교를 마치고 사회인이 되면 문제를 주는 사람이 없습니다. 사회초년생 시절에는 상사가 하는 말을 듣기만 하면 될지도 모르지만, 계속 그럴 수는 없습니다.

눈앞에 닥친 상황에서 문제를 스스로 발견하는 것에서부터 일이 시작됩니다.

약속할 때
필요한 것

이번 단원은 '비례와 반비례'입니다.

수학적인 의미로는 처음으로 xy 좌표가 등장하고 그래프를 그립니다.

또한 알레르기를 일으킬 듯한 용어가 등장하는데, 매우 논리적이며 언어적인 단원입니다. 한 번 이해하면 이보다 편리한 것도 없습니다.

익숙한 비유로 시작해보겠습니다.

내일 낮 12시에 저와 어딘가에서 만날 약속을 할 경우, 어떤 정보가 필요할까요?

예를 들어 도쿄의 유명한 약속 장소인 신주쿠 알타ALTA 앞에서 만나기로 약속할 경우, 신주쿠 알타 앞에 가본 적 있는 사람은 이 정보만 갖고 찾아갈 수 있겠지만, 신주쿠에 가본 적 없는 사람과 만날 때는 이 정보만으로 부족합니다. 다른 방법으로 '신주쿠 알타 앞'을 표현해야 됩니다.

더 구체적으로 '도쿄도 신주쿠구 신주쿠 3 – 24 – 3'이라고 구체적인 주소를 지정해서 만나는 방법도 있습니다.

눈에 띄는 건물이나 가게를 정해 '○○ 신주쿠점 옆에 있는 빌딩'이라고 해도 통할지 모릅니다.

'JR 신주쿠역 동쪽 개찰구를 나와 계단을 올라가면 눈앞에 광장이 있는데, 그 광장 건너편에 있는 빌딩 입구 부분에서 만나자'와 같이 개찰구에서 나와 어떻게 가는지 설명하는 것도 좋은 방법입니다.

비현실적이지만 위도와 경도로 표현할 수도 있고요.

이처럼 장소를 전달하는 방법은 많습니다.

길 안내를
잘하려면

여기에서는 표현할 때 필요한 정보의 수가 각각 다릅니다.

'신주쿠 알타 앞'에서 만난다고 표현할 때는 신주쿠와 알타 앞이라는 두 가지 정보가 필요합니다.

주소로 표현할 때는 '도쿄도', '신주쿠구', '신주쿠', '3', '24', '3' 이라는 여섯 가지 정보가 등장합니다.

눈에 띄는 건물을 기준으로 말할 때는 '○○ 신주쿠점'과 '옆' 이라는 두 가지 정보가 필요합니다.

개찰구에서 가는 법을 설명할 때는 정보가 너무 많아서 셀 수도 없습니다.

위도와 경도로 말할 때는 '위도'와 '경도'라는 두 가지 정보가 필요합니다.

이처럼 장소를 표현할 때는 정보가 필요한데, 방법에 따라 정보의 수가 다릅니다.

　물론 정보가 적어서 알기 쉽다거나 정보가 많아서 알기 어렵다고 단순히 말할 수는 없습니다. 너무 적어서 알기 힘들 때도 있고 너무 많아서 혼란스러울 때도 있습니다.

　옛날에 예능인인 시마다 신스케島田紳助 씨가 "말을 잘하는 사람은 길 안내를 잘하고, 말을 잘 못하는 사람은 설명을 해도 무슨 말을 하는지 모르겠다"라는 말을 한 적이 있습니다. 이 책에서 말하는 언어력이 있고 없고의 차이도 똑같습니다.

　횡설수설하지 않고 '심플'하게 표현해 이야기의 '순서'를 정리해주면 길 안내도 이해하기 쉽습니다. 즉, 이 책에서 여러 번 나온 키워드가 효과를 발휘하는 것이지요.

　이제 적은 정보로 누구나 알 수 있게 '표현'하는 것이 최고라는 사실을 이해했으리라 믿습니다.

　그럼 본격적으로 좌표 이야기를 시작해보겠습니다.

좌표는 심플하고
편리한 언어

먼저 xy 좌표의 원리를 소개하겠습니다.

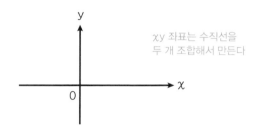

xy 좌표는 수직선을
두 개 조합해서 만든다

제2장에 등장한 수직선과 같습니다. 따라서 외울 부분은 그렇게 많지 않습니다.

참고로, 암기력을 높이기 위한 이야기를 잠깐 해보겠습니다. 수직선의 어원은 '수의 직선'입니다(알아보지는 않았지만 분명 그럴 겁니다).

그렇습니다. '직선'이 등장합니다. '수직선'이라는 덩어리로 외우는 학생이 많기 때문에 '직선'이 등장한다는 사실을 잘 모를 때가 있습니다.

직선이기 때문에 평면도형에서 배운 것과 똑같이 무한대로 늘어납니다.

'차이점'은 직선이 두 개 등장한다는 점과 직각으로 교차한다는 점입니다.

이름도 달라집니다. 좌표에서는 수직선이라고 부르지 않습니다. 가로로 뻗은 수직선을 x축이라 부르고, 세로로 뻗은 수직선을 y축이라고 부릅니다.

이제 본론으로 들어가겠습니다.

xy 좌표 위에서 마음에 드는 점을 고릅니다. 오른쪽으로 많이 벗어나 있거나 아래쪽에 있어도 상관없습니다.

어떤 점을 고르든 x축 방향으로 나아간 거리와 y축 방향으로 나아간 거리(정확히는 좌표)로 표현할 수 있습니다. 덧붙여 '순서'는 x 좌표를 먼저 쓰고 y 좌표를 나중에 씁니다.

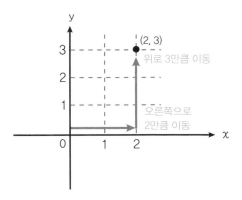

예를 들어 (2, 3)이라고 썼다면 누구나 '오른쪽으로 2만큼 이동하고 위쪽으로 3만큼 이동한 점이다'라는 사실을 압니다. 이해하기도 쉽고 정보도 딱 두 개뿐입니다.

알타 앞의 예를 생각해보세요. 장소를 표현하는 방법은 다양하고 정보의 양도 제각각입니다. 그중에서 가장 좋은 방법은 정보량이 적고 알기 쉬워야 합니다. 그것이 바로 xy 좌표입니다.

좌표는 엄밀히 따지면 언어가 아닐지도 모릅니다. 그러나 장소를 '심플'하고 알기 쉽게 '표현'한다는 관점에서 생각하면 매우 언어적입니다. 수학 교과서에 실려 있으면 언어처럼 보이지 않지만, 사실 편리하고 심플한 언어였던 것입니다.

우리 일상에 넘치는
xy 좌표

편리하고 '심플'하게 '표현'할 수 있는 xy 좌표이기 때문에 우리 일상생활 곳곳에서도 눈에 띕니다.

사실 xy 좌표와 같은 원리인 것이 앞에서 나왔는데, 눈치채셨나요?

바로 위도와 경도입니다. 세계 지도를 잘 살펴보면 가로선과 세로선이 교차해 위치를 나타냅니다. 그야말로 xy 좌표에서 나

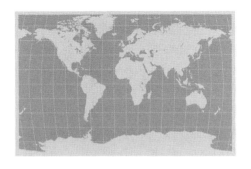

온 발상입니다. 위도를 x 좌표, 경도를 y 좌표로 보면 필요한 정보도 딱 두 개로 완벽한 xy 좌표입니다.

실제로 지구는 동그랗지만, 네모난 지도에 위도와 경도로 표현하면 어디에 위치하는지 누구나 한눈에 알 수 있습니다.

장기도 마찬가지입니다.

'34보[*]'라는 용어도 xy 좌표와 똑같습니다. xy 좌표는 왼쪽 아래에 원점을 두지만, 장기는 오른쪽 위에 원점을 둔다는 점이 '차이점'이겠네요.

장기도 수학과 '같이' x 좌표가 먼저 오고, y 좌표가 나중에 온다는 '순서' 법칙이 있습니다. '34보'란 가로로 3칸 이동하고 세로로 4칸 이동한 자리에 포를 둔다는 뜻입니다.

*일본식 장기

---

[*] 34보[3四歩]는 일본식 장기 용어로서, 보[歩]는 앞으로 한 칸 전진만 가능하고 우리나라 장기의 졸[卒]에 해당한다.

인형 뽑기 게임은 힘이 없는 집게를 좌우와 위아래로 움직여 뽑고 싶은 인형의 위치에 조준해서 집는 게임입니다.

그 밖에 레트로 게임 역시 xy 좌표 원리입니다. 다음은 그중에서 유명한 '드래건 퀘스트'의 화면입니다.

주인공은 상하 좌우로밖에 움직이지 못합니다. 컨트롤러의 키도 십자 모양이라서 가로 세로로 위치를 표현합니다.

예를 찾으려면 끝도 없이 많다는 점은 xy 좌표가 '심플'한 '표현 방법'이라는 증거겠지요.

수학은 논리적인 사실의
표현에 능하다

　좌표 이야기는 이쯤에서 마치고 비례와 반비례 이야기로 넘어가겠습니다.

　비례의 정의는 'x가 2배, 3배로 늘어나면 y도 2배, 3배로 늘어난다'입니다.
　거리, 속도, 시간의 관계가 대표적인 예입니다.
　자동차가 시속 60km로 달리면 1시간에 60km, 2시간에 120km, 3시간에 180km 이동합니다.
　달리는 시간이 2배, 3배로 늘어나면 주행 거리도 2배, 3배가 되기 때문에 비례합니다.

비례의 정의: x가 2배, 3배로 늘어나면 y도 2배, 3배로 늘어난다.

시속 60km로 달리는 차가 달린 시간을 x, 거리를 y라고 한다.

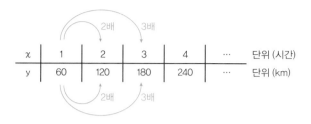

그러나 'x가 2배, 3배로 늘어나면 y도 2배, 3배 늘어난다'는 글로 표현한 것입니다. 수학 용어, 즉 문자식을 사용하면 놀랍게도 '$y = 60x$'로 모든 것을 표현할 수 있습니다.

$x = 1$일 때 $y = 60$, $x = 2$일 때 $y = 120$, $x = 3$일 때 $y = 180$, 이렇게 숫자를 대입하면 바로 알 수 있습니다. x가 2배가 되면 y도 2배가 되는 관계성도 표현되어 있습니다.

글로는 장황하게 설명해야 되는 것이 수식으로는 고작 네 글자 정도로 표현할 수 있습니다. 이 심플함이 수학이라는 언어의 특징입니다. 수학은 논리적인 사실을 '심플'하게 '표현'하는 데 매우 적합합니다.

그래프는 사람에게
감동을 준다

'$y = 60x$'도 충분히 심플하지만, 그래프로 그리면 그보다 더 알기 쉽습니다.

다음 그래프를 보세요.

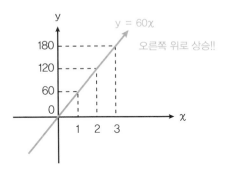

'$y = 60x$'라는 문자식과 오른쪽 위로 상승하는 그래프 가운데 어느 쪽이 더 인상에 남을까요? 당연히 그래프가 훨씬 더 인상에 남을 것입니다.

수식은 심플한데, 지나치게 심플하기 때문에 사람을 고릅니다. 다시 말해 수식을 읽을 줄 아는 사람에게만 통합니다.

그러나 그래프는 수식이 아니라 도형입니다. 도형이기 때문에 눈에 보이는 느낌으로 판단할 수 있습니다.

x나 y가 무엇인지 전혀 몰라도 오른쪽 위로 상승하는 그래프를 보면 성장하는 모습이나 뻗어나가는 모습이라는 것을 알 수 있습니다. 오른쪽 아래로 하강하는 그래프를 보면 쇠퇴하거나 감소한다는 것을 알 수 있지요.

이것이 그래프의 장점입니다.

수식도 그래프도 각각 장단점이 있지만, 일상생활이나 업무 현장을 생각하면 역시 그래프가 더 사용하기 쉽고 강력하다는 것을 알 수 있습니다.

나열된 숫자만 보면 잘 모르지만 그래프로 나타내면 주가의 상승 정도도 한눈에 알 수 있습니다.

이 책에서 가장 '논리적'이지 않은 부분일지 모르지만, 그래프에는 논리를 뛰어넘는 힘이 있습니다. 보여주는 것만으로도 인상이 매우 강력하지요.

어른들에게도 도움이 되는 통계의 기초

이제 중1 수학의 마지막 단원으로 들어가겠습니다.

마지막으로 등장하는 것은 '자료 정리와 활용'이라는 단원입니다.

중학교나 고등학교를 졸업한 사람이라면 누구나 수학을 접했을 것입니다. 어쩌면 많은 사람이 '수학은 사회에서 별로 도움이 되지 않는다'라고 생각했을지도 모릅니다.

이에 대해 이과를 전공한 사람은 "아니, 수학의 논리적인 사고법은 많은 도움이 돼"라고 주장하고, 문과를 전공한 사람은 "인수분해나 미적분을 대체 어디에 써먹어?"라고 주장합니다.

저는 '도움이 될 만큼 수학을 배웠느냐'에 따라 결정된다고 생각합니다. 그렇지만 수학은 도움이 될 만큼 배우기엔 매우 심층적이랄까, 장점을 금세 발견하기 힘든 과목이라는 생각도 듭니다.

도움을 체감하기 어려운 그 수학을 실생활에서 몸소 느끼기에 가장 쉬운 분야는 아마도 통계일 것입니다.

수학 선생님들은 통계나 확률 수업에서 "똑똑히 공부하지 않으면 어른이 돼서 사기당한다"라는 말을 자주 하는데, 정말 그렇습니다. 숫자 읽는 법이나 숫자 '만드는 법'을 알고 있으면 숫자에 잘 속지 않습니다.

그런 기초 중에서도 첫걸음이 중1의 '자료 정리와 활용' 단원입니다.

이 단원은 새로운 교육과정에서 도입된 것이어서 저와 같은 세대는 배우지 않았습니다.

최근에는 어느 과목이든 실생활에 유용한 주제를 적극적으로 선택하고 있습니다.

영어의 경우에도 이전에는 독해 중심의 영작문을 약간만 다루었는데, 이젠 대입 시험에 '듣기' 문제가 포함되었습니다. 이는 일상생활에서 영어권 사람을 만났을 때 영어를 알아들을 수 있도록 한다는 방침에 따랐다는 사실을 알 수 있습니다.

수학도 마찬가지로 통계나 자료 읽는 법 등 사회인이 된 후에도 쓸 수 있는 내용이 교과서에 포함되었습니다. '자료 정리와 활용'이 중1 수학에 들어 있는데, 고1 교과서에도 '데이터 분석'이라는 심화 내용이 수록되어 있습니다.

그러므로 이제부터 사회생활에서도 유용하게 사용되는 통계를 다루겠습니다.

데이터를 바꿔서 정렬하기만 해도
분석이 가능하다

통계 이야기는 원래 데이터를 준비하는 시점에서부터 시작됩니다.

어린이들은 수학 점수와 국어 점수 등을 준비해도 좋고, 사회인들은 매출이나 이익 금액을 준비해도 좋습니다. 몸무게나 키도 자주 쓰입니다.

이런 데이터를 많이 모아 분석하는 방법이 이 단원의 주제입니다.

중1 수학에서는 먼저 분산 정도를 생각하는 것부터 시작합니다. 이 책에서는 『개정판 중학교 수학 I』 내용에 따라 이야기를 진행하겠습니다.

다음 그림을 보세요.

아래 표는 나라시에서 개최하는 사슴과자 던지기 대회에서 20회 동안 나온 우승자의 기록입니다.

2012년 5월~2013년 8월 기록			
42.10m	41.40m	44.10m	42.00m
48.70m	37.93m	39.10m	50.45m
35.75m	42.95m	45.30m	36.80m
60.75m	52.80m	49.33m	45.05m
50.70m	45.00m	38.15m	40.20m

위 표는 나라현 나라시에서 개최하는 사슴과자 던지기 대회 우승자의 기록입니다. 총 20회의 기록이 실려 있습니다.

혹시 이 데이터를 보고 깨달은 점이 있나요?

자세히 보면 다양한 사실을 알겠지만, 이 표만 가지고는 매우 어려울 것입니다. 예를 들어 '가장 큰 값을 찾으세요'라는 질문에 답하기 위해 하나씩 살펴보려면 시간이 꽤 걸립니다.

통계 자료는 '순서'대로 정렬하는 것이 중요합니다. 큰 순서든 작은 순서든 상관없습니다. 정렬된 데이터는 다음과 같습니다.

작은 순서대로 정렬
35.75m
36.80m
37.93m
38.15m
39.10m
40.20m
41.40m
42.00m
42.10m
42.95m
44.10m
45.00m
45.05m
45.30m
48.70m
49.33m
50.45m
50.70m
52.80m
60.75m

어떤가요?

'가장 작은 값은 얼마인가?'라는 질문에는 맨 위를 보면 되고, '가장 큰 값은 얼마인가?'라는 질문에는 맨 아래를 보면 됩니다. '중간값은 얼마인가?'라는 질문에는 중간쯤에 있는 값을 보면 됩니다. 알기 쉬워졌지요?

인터넷에서 쇼핑할 때도 상품을 저렴한 순서대로 정렬하면 아주 편리합니다. 동영상 재생 횟수나 사이트 접속자 수의 랭킹도 정렬할 수 있습니다.

이처럼 데이터를 분석하지 않고 '순서'대로 정렬만 해도 보기가 한결 편합니다.

범위와 도수분포표로
분산 정도 알아보기

그렇다면 첫 번째 목적인 '분산 정도'를 표현해볼까요.

첫 번째 방법은 '범위'를 구하는 것입니다. 아직 이미지가 잘 그려지지 않을 것입니다. 당연합니다. 수학 용어로서의 '범위'를 모르면 이해할 수 없기 때문입니다.

범위 = 최댓값 − 최솟값

통계에서 말하는 '범위'란 최댓값에서 최솟값을 뺀 결과입니다. 앞에서 본 20회의 기록 중 가장 큰 값은 60.75m이고 가장 작은 값은 35.75m이므로 $60.75 - 35.75 = 25.00$이 범위값입니다. 이 25m 사이에 모든 데이터가 들어 있어 분산 정도를 웬만큼 알 수 있습니다.

데이터가 퍼져 있는
경우

대부분 60m 부근에 있고
하나만 35.75m인 경우

패턴 A		패턴 B	
35.75m	← 최솟값	35.75m	← 최솟값
37.00m		59.00m	
38.00m		59.40m	
40.00m		59.50m	
41.00m		59.65m	
42.00m		59.65m	
43.00m		59.70m	
45.00m		59.80m	
47.00m		59.90m	
48.00m		60.00m	
49.00m		60.10m	
50.00m		60.10m	
51.00m		60.15m	
53.00m		60.20m	
54.00m		60.40m	
55.00m		60.40m	
57.00m		60.50m	
58.00m		60.55m	
59.00m		60.70m	
60.75m	← 최댓값	60.75m	← 최댓값

대부분 60m 부근에 분포한 데이
터이기 때문에 분산 정도는 작다
(최솟값만 예외)
그러나 범위를 계산하면

범위 = 최댓값 − 최솟값
　　 = 60.75m − 35.75m
　　 = 25m

패턴 A와 계산
결과가 같다

거의 균등하게 데이터가 나열되어 있어 분산 정도가 크다.
범위를 계산하면

범위 = 최댓값 − 최솟값
　　 = 60.75m − 35.75m
　　 = 25m

그러나 '범위'를 계산한다고 해서 누구나 이해하는 분산 정도를 계산할 수 있는 것은 아닙니다.

예를 들어 최대 60.75m에서 최소 35.75m까지 데이터가 퍼져 있는 경우(그림의 패턴 A) 계산 결과는 25m가 되는데, 대부분의 값이 60m 정도에 모여 있고 하나만 35.75m인 경우(그림의 패턴 B)도 범위의 계산 결과는 25m로 같습니다.

범위의 계산식이란 최댓값과 최솟값만 뽑아서 계산하기 때문에 나머지 값들을 모두 무시합니다. 따라서 최댓값과 최솟값 이외에는 어떤 식으로 분산되어 있든 계산 결과가 같아지는 것이지요.

그 때문에 수학에서 분산 정도를 계산하는 방법은 그 외에도 많습니다.

중1 수학에 나오는 방법을 좀 더 소개하겠습니다.

다음은 '도수분포표'입니다.

우승자의 기록	
계급(m)	도수(명)
35 이상 ~ 40 미만	5
40 ~ 45	6
45 ~ 50	5
50 ~ 55	3
55 ~ 60	0
60 ~ 65	1
계	20

이 표에는 데이터의 값을 5m씩 구분해(이를 계급이라고 합니다) 그 계급에 데이터가 몇 개 있는지 나타냈습니다.

앞서 나온 '범위' 계산과 비교해 '공통점'과 '차이점'을 찾아볼 까요.

먼저 '공통점'은 분산 정도를 알 수 있다는 점입니다.

도수분포표는 20개의 데이터를 모두 다루며 어느 계급에 데 이터가 몇 개 들어가 있는지 알 수 있습니다. 숫자가 큰 부분을 보면 그곳에 많은 데이터가 모여 있다는 사실을 알 수 있으므로 분산 정도를 파악할 수 있습니다.

앞서 소개한 '범위' 역시 대략적인 값으로 계산할 수 있습니다.

5m로 구분된 계급이 6개 있으므로 대략 25m나 30m 정도라 고 추측해, 정확하진 않지만 대략적인 계산은 할 수 있습니다.

'차이점'으로는 '범위' 계산보다 정확히 알 수 있다는 점을 들 수 있습니다.

'범위' 계산에서는 20개의 데이터 중 2개만 사용했으나, 도수분포표에서는 20개의 데이터를 전부 사용합니다. 그것이 어느 정도인지도 알기 때문에 분산 정도를 더 엄밀하게 알 수 있습니다. 표를 만들기는 번거롭지만, 분산 정도를 본다면 도수분포표가 더 훌륭하다고 할 수 있습니다.

한편, 범위 계산이 더 뛰어난 점도 있습니다.

바로 계산량입니다. 사실 도수분포표를 만들려면 상당히 번거롭습니다. 데이터를 정렬하고 표를 만들고 데이터의 수를 세는 등의 절차(순서)를 밟지 않으면 만들지 못합니다. 그러나 범위는 최댓값과 최솟값만 찾으면 바로 계산할 수 있습니다.

데이터 분석을 하려면 먼저 '순서'대로 정렬해야 된다고 말했는데, 범위 계산만 할 경우엔 정렬하지 않아도 됩니다. 세세한 부분은 몰라도 빨리 알고 싶을 때는 범위를 구하는 것이 훨씬 좋겠지요.

따라서 어느 쪽이 좋은지 '순서'를 매긴다면, 정확도로는 도수분포표, 간편함으로는 범위라고 할 수 있습니다.

한눈에 알 수 있는
막대그래프과 꺾은선 그래프

데이터를 좀 더 다양하게 다뤄보겠습니다. 다음은 도수분포표를 막대그래프로 나타낸 것입니다.

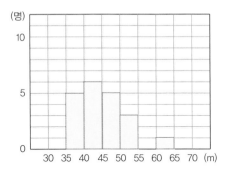

5m씩 나눈 계급을 가로, 인원수를 세로로 나타낸 그래프입니다. 이를 '막대그래프'라고 합니다.

도수분포표와 막대그래프는 원칙적으로 '같은 것'입니다. 둘

다 어느 계급에 몇 명의 데이터가 있는지 읽을 수 있습니다.

여기서 큰 '차이점'은 얼마나 보기 편한가 하는 점이겠지요.

도수분포표에서는 숫자를 읽어서 0이나 1이면 작고, 5나 10이면 크다고 합니다. 이해하기 불가능할 정도로 어렵지는 않지만, 얼핏 보고 읽을 수 있을 만큼 간단하지도 않습니다.

한편, 막대그래프로는 얼핏 보기만 해도 데이터가 많은 부분과 적은 부분을 한눈에 알 수 있습니다. 40m나 45m 부근에 데이터가 집중되어 있고 60m 부근에는 데이터가 적다는 사실을 금세 파악할 수 있지요.

이 장의 초반에 xy 좌표 이야기를 하면서 숫자의 나열보다 그래프가 더 이해하기 쉽다고 이야기했는데, 완전히 '똑같습니다'. 수식은 논리적으로 표현하기에 능하지만, 순간적으로 알기 쉽다는 점에서는 그래프를 이길 수 없습니다. 또 수식을 이해하지 못하는 사람도 그래프를 보면 이해할 수 있습니다. 이 책에서 논리력뿐 아니라 언어력도 다룬 이유는 이 때문입니다.

제3장 언어력에서는 '심플함'과 '표현력'이 언어에서 가장 중요하다고 이야기했는데, 이것을 응용한 것이 그래프입니다.

그럼 마지막으로 확실히 하기 위해 도수의 꺾은선 그래프를 소개하겠습니다.

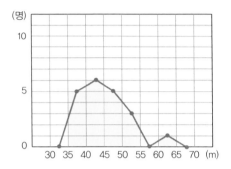

이것은 막대그래프의 막대기 윗부분에서 가운데를 선으로 연결한 그래프입니다. 정보의 양이나 질로 보면 도수분포표나 막대그래프와 같습니다.

솔직히 말해 명확한 '차이점'은 거의 없습니다. 막대로 나타냈는가 선으로 이었는가 하는 차이만 있을 뿐이기 때문에 취향대로 선택하면 됩니다.

단, 자세히 설명하지는 않겠지만 여러 개의 데이터를 그래프로 동시에 그리고 싶을 때는 꺾은선 그래프로 나타내는 것이 더 좋을 수도 있습니다.

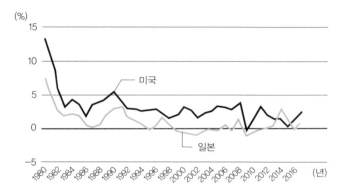

일본과 미국의 인플레이션율 추이

(%)

미국

일본

(년)

이상으로 네 가지 방법을 소개했습니다. 범위, 도수분포표, 막대그래프, 꺾은선 그래프 모두 데이터의 분산 정도를 표현할 수 있지만, 장단점 또한 있었습니다.

막대그래프나 꺾은선 그래프는 숫자의 나열이 아니라 겉보기로 판단할 수 있도록 만들어져 있다는 점에서 매우 언어적입니다. 직장에 다니면 프레젠테이션을 할 기회가 많은데, 그 기초를 중1 수학에서 배우는 셈입니다.

분산 정도를 표현하는 방법이 중1 수학에 이미 네 개나 나왔습니다(물론 세상에는 무수히 존재합니다). 각자 자신의 의도에 따라 그래프나 표를 선택하면 됩니다.

수학 선생님이 수업시간에 '통계를 배우면 사기당하기 어려워진다'라고 가르치는 이유에는 그러한 속사정이 있습니다. 어떤 그래프나 표가 있을 경우, 그것을 만든 사람이 반드시 존재합니다. 그리고 강조하고 싶은 부분과 감추고 싶은 부분 또한 존재합니다.

예를 들어 '범위' 계산을 할 때는 최댓값과 최솟값 이외의 값은 무시했는데, 일부러 '범위'를 쓰는 속내에는 최댓값과 최솟값 말고 다른 값은 감추고 싶다는 의도가 담겨 있을지도 모릅니다.

이런 식으로 통계 수치의 계산 방법, 표나 그래프 만드는 방법을 알면 사기를 당하지 않게 됩니다. 그래프나 표는 얼핏 봐도 한눈에 쏙 들어오기 때문에 좋은 식으로든 나쁜 식으로든 타인을 유도합니다. 눈앞에 있는 정보에 휩쓸리지 않으려면 수학을 공부하는 것이 가장 올바른 방법입니다.

'평균 = 중간'이라는
환상에 속지 마라

　지금까지 분산 정도에 대해 이야기했는데, 분산 정도만 안다고 끝나는 것이 아닙니다. 다양한 지표를 계산해 그래프나 통계 데이터의 상태를 아는 것도 중요합니다.

　여기서 쓰이는 것이 데이터를 대표하는 값, 즉 대푯값입니다.

　이렇게 이름만 들으면 이해가 잘 안 될 겁니다. 여러분이 잘 아는 용어로 하면 평균값을 말합니다.

　시험 평균 점수, 매출 평균, 키나 몸무게의 평균, 연봉 평균 등 항상 궁금한 평균값이 세상에는 넘쳐납니다.

　그러나 평균이야말로 조심해야 합니다. 예를 들어 시험 평균 점수라고 하면 반에서 정확히 성적이 중간에 있는 학생의 점수인 듯하지만 '평균 = 중간'이 아닙니다.

　데이터에 따라서는 '평균 = 중간'이 되기도 하고 중간에 가까운 값이 되는 경우도 있지만, 꼭 그렇지는 않습니다.

여기서 '중간'이라 부르는, 즉 위에서 센 '순서'와 아래에서 센 '순서'가 '같아지는' 값을 중1 수학에서는 '중앙값'이라고 부릅니다. 일부러 이름을 지은 것은 평균값과 '다르다는' 증거입니다.

사슴과자 던지기 대회의 데이터를 이용해 검증해보겠습니다.

작은 순서대로 정렬한 표
35.75m
36.80m
37.93m
38.15m
39.10m
40.20m
41.40m
42.00m
42.10m
42.95m
44.10m
45.00m
45.05m
48.70m
48.70m
49.33m
50.45m
50.70m
60.75m
60.75m

평균값 ▶ 44.4m

◀ 중앙값 $= \dfrac{42.95 + 44.10}{2}$

$= 43.525m$

이 데이터의 중앙값을 찾아보면 모두 20개(짝수)이므로 정확히 중간에 오는 값이 없습니다. 이럴 때는 양옆에 있는 값의 평균을 취한다는 법칙이 있으므로 중앙값은 $(42.95+44.10)÷2=43.525m$입니다. 20개의 데이터를 모두 더해 평균을 내면 44.4 정도가 됩니다. 중앙값이 43.525m이고 평균값이 44.4이므로 '평균=중앙값'은 성립하지 않습니다. 또한 평균값은 작은 값에서부터 11번째와 12번째 사이에 위치하므로 '평균=중앙값'은 확실히 아닙니다. 그래도 11번째와 12번째이기 때문에 거의 중앙값에 가깝다는 사실을 알 수 있습니다.

그러나 '평균=중앙값'이 성립하지 않는 데이터도 많습니다.

일본 행정구역상 가장 큰 지역은 홋카이도이고 가장 작은 지역은 가가와현입니다.

그럼 큰 순서대로 1위부터 47위까지 순서를 매겼을 때, 정확히 중앙인 24위(중앙값)는 어디일까요?

정답은 이바라키현입니다.

모든 지역의 면적을 더해 평균값을 내면 약 $8042km^2$로, 중앙값인 이바라키현의 $6095km^2$보다 훨씬 큽니다.

일본 행정구역별 면적 순위

순위	지역명	면적(km²)	순위	지역명	면적(km²)
1	홋카이도	83457.48	25	미에현	5777.36
2	이와테현	15278.89	26	에히메현	5678.51
3	후쿠시마현	13782.76	27	아이치현	5165.16
4	나가노현	13562.23	28	지바현	5156.62
5	니가타현	12583.84	29	후쿠오카현	4979.42
6	아키타현	11636.32	30	와카야마현	4726.32
7	기후현	10621.17	31	교토현	4613.26
8	아오모리현	9644.74	32	야마나시현	4465.37
9	야마가타현	9323.46	33	도야마현	4247.62
10	가고시마현	9188.99	34	후쿠이현	4189.89
11	히로시마현	8479.81	35	이시카와현	4186.21
12	효고현	8396.47	36	도쿠시마현	4146.81
13	시즈오카현	7780.60	37	나가사키현	4105.88
14	미야자키현	7736.08	38	시가현	4017.36
15	구마모토현	7404.89	39	사이타마현	3798.08
16	미야기현	7285.80	40	나라현	3691.09
17	오카야마현	7113.24	41	돗토리현	3507.31
18	고치현	7105.20	42	사가현	2439.67
19	시마네현	6707.98	43	가나가와현	2416.05
20	도치기현	6408.28	44	오키나와현	2276.72
21	군마현	6362.33	45	도쿄도	2188.67
22	오이타현	6339.82	46	오사카부	1901.42
23	야마구치현	6114.14	47	가가와현	1876.58
24	이바라키현	6095.84		전국	377961.73

평균값 ▶ 약 8042km²

중앙값 ▶ 24 이바라키현 6095.84

출처: 일본 국토지리원 홈페이지
(2013년 10월 1일)

평균값인 8042km²에 가장 가까운 지역은 13위인 시즈오카현입니다.

정리하자면 평균값은 8042km²로 13위쯤, 중앙값은 6095km²로 24위이기 때문에 '평균값 = 중앙값'이 아니라는 사실을 알 수 있습니다.

평균 연봉 그래프
읽는 법

　그럼 대푯값을 하나 더 소개하겠습니다. 바로 '최빈값'입니다. 최빈값이란 이름 그대로 가장 빈번하게 등장하는 값을 말합니다.

　도수분포표로 말하자면 가장 도수가 많은 계급에 해당합니다. 사슴과자 던지기 대회의 데이터를 보면 40~45m 계급이 최빈값입니다.

우승자의 기록	
계급(m)	도수(명)
35 이상 ~ 40 미만	5
40 ~ 45	6
45 ~ 50	5
50 ~ 55	3
55 ~ 60	0
60 ~ 65	1
계	20

◀ 최빈값

막대그래프로 나타내면 더 명확하게 드러납니다.

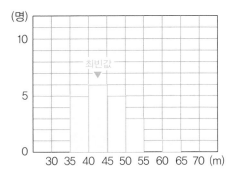

그래프가 가장 높게 뻗어 있는 부분을 보면 됩니다. 역시 막대그래프로 보면 한눈에 알 수 있습니다(물론 도수분포표를 보기 쉽게 나타낸 것뿐이니, 마찬가지로 40~45m가 최빈값입니다).

최빈값을 설명할 때는 가게 매출이 단골 사례로 등장합니다.

가게를 경영할 때는 잘 팔리는 상품과 잘 팔리지 않는 상품에 주목하게 되는데, 가장 잘 팔리는 상품이 바로 최빈값입니다.

또 가장 잘 팔리는 시간대, 계절이나 달, 날씨나 구매자층 등 분석 방법을 '다르게' 하면 보이는 데이터도 달라지겠지요.

이처럼 최빈값은 일상생활과 더 관련이 깊은 지표입니다.

중1 수학에서는 대푯값으로서 평균값, 중앙값, 최빈값이 등장합니다. 마지막으로 세 가지를 함께 볼까요.

일본인의 평균 연봉 데이터입니다.

2014년 일본인의 연봉 데이터			
계층	인구(만 명)	비율	누계 비율
100만 엔 이하	417.7	8.8%	8.8%
100만 엔 대	721.4	15.2%	20.0%
200만 엔 대	802.9	16.9%	40.8%
300만 엔 대	824.1	17.3%	58.2%
400만 엔 대	663.3	13.9%	72.1%
500만 엔 대	450.2	9.5%	81.6%
600만 엔 대	280.4	5.9%	87.5%
700만 엔 대	189.5	4.0%	91.5%
800만 엔 대	124.9	2.6%	94.1%
900만 엔 대	82.1	1.7%	95.8%
1,000 ~ 1,500만 엔 대	148.4	3.1%	98.8%
1,500 ~ 2,000만 엔 대	30.6	0.6%	99.6%
2,000 ~ 2,500만 엔 대	9.5	0.2%	99.8%
2,500만 엔 초과	11.1	0.2%	100.0%

◀ 처음으로 50%를 넘기 때문에 이 부분이 중앙값이라는 사실을 알 수 있다

누구나 다른 사람들의 연봉이 궁금할 것입니다. 2014년의 연봉은 위의 도수분포표와 같습니다(도수로서 인구와 비율 데이터도 실려 있습니다).

이 데이터의 평균값, 중앙값, 최빈값을 각각 알아보겠습니다.

먼저 가장 눈에 띄는 것은 최빈값입니다.

막대그래프나 도수의 꺾은선 그래프를 그려보면 바로 알 수 있습니다.

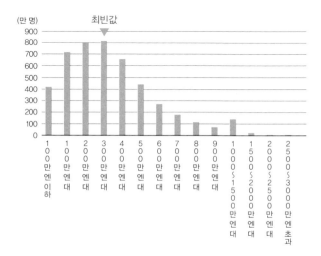

인구 - 연봉 그래프(2014)

인구-연봉 그래프에서 가장 높이 뻗어 있는 막대를 보면 되기 때문에 300만 엔 대가 최빈값이라는 사실을 알 수 있습니다.

즉, 일본인의 경우 연봉 300만~400만 엔 정도 되는 사람이 가장 많다는 뜻입니다.

막대 길이만 보면 되기 때문에 조금 더 살펴보겠습니다. 두 번째로 긴 막대는 200만 엔 대, 세 번째로 긴 막대는 100만 엔

대입니다. 이 부분이 볼륨 존이므로 이 부분만 잘라서 생각해보
면 일본인의 평균 연봉은 200만~300만 엔으로 좁아질 것이라
고 예측할 수 있습니다.

이제 중앙값을 살펴볼까요.
앞의 표에서 가장 오른쪽 열(누적 비율)을 보세요.
이는 그 연봉 이하의 인구가 몇 퍼센트인지 계산한 것입니다.
100만 엔 이하의 연봉을 받는 사람이 8.8%, 200만 엔 이하의
연봉을 받는 사람이 20.0%, 300만 엔 이하의 연봉을 받는 사람
이 40.8%라는 뜻입니다.
연봉 300만 엔 대가 58.2%로 되어 있습니다. 즉, 낮은 쪽부터
셌을 때 정확히 50%(중앙)의 연봉을 받는 사람이 연봉 300만 엔
대에 있다는 사실을 알 수 있습니다. 즉, (정확히 계산할 수는 없지
만) 중앙값은 300만 엔 대 부근이라는 사실을 추측할 수 있지요.

이제 평균값만 남았네요. 이 표의 데이터로는 계산할 수 없기
때문에 국세청 자료를 가지고 왔습니다.
평균값을 계산했더니 중앙값도 최빈값도 300만 엔 대인 데
비해 평균 연봉은 415만 엔 정도입니다.

연봉 400만 엔 이하 인구가 58% 정도인데 평균 연봉은 415만 엔, 즉 평균값을 조사해도 '일반적인 일본인'의 연봉은 알 수 없습니다. '일반적인 일본인'의 연봉을 알아보려면 중앙값이나 최빈값이 더 정확해 보입니다.

평균값 계산 결과만 큰 차이가 있는 이유는 연봉이 매우 높은 사람(표에서 보면 연봉 2500만 엔 넘는 사람)이 있기 때문입니다.

인구 비율로는 0.2%밖에 되지 않지만, 연봉이 수억 엔 혹은 그 이상인 사람도 있습니다. 그러한 사람들의 연봉까지 포함해서 계산하기 때문에 값이 크게 나오는 것입니다.

고작 0.2%지만 영향력은 어마어마합니다.

연봉 1억 엔인 사람이 1명 있으면 평균값이 크게 오릅니다. 평균값을 올리고 싶지 않으면 연봉 100만 엔인 사람이 32명 정도 있어야 겨우 비슷해집니다. 연봉 10억 엔인 사람이 있으면 300명 정도, 연봉 100억 엔인 사람이 있으면 3000명 정도가 필요합니다.

따라서 평균값은 유난히 큰 값(작은 값)에 좌우되기 쉬운 성질을 갖고 있습니다.

이 장의 후반에서 특히 통계에 주의하자는 이야기를 했습니다. 중1 수학에서도 기초를 탄탄히 다지고 응용하면 이렇게까지 심오한 이야기가 가능합니다.

그래프나 평균값은 편리하고 이해하기 쉽다는 성질 때문에 더 막무가내로 덤벼들기 쉬운데, 한 걸음 물러서서 논리적으로 생각하면 어리석은 실수를 하지 않게 됩니다. 논리적인 사고가 자리 잡히면 그것이 곧 자신을 돕게 됩니다.

제5장 한눈에 보기

- 방정식의 문장제는 '번역'이다 – 자신 있는 분야로 끌고 와서 승부하라.
- xy 좌표는 위치를 '심플'하게 '표현'한 것이다.
- 그래프를 사용하면 강한 인상을 줄 수 있다.
- 데이터의 분산 정도를 나타내려면 표나 그래프가 효과적이다.
- '평균＝중간'이라는 환상에 속지 마라.

학원에 다니지 않고 전교 1등을 놓치지 않았던 소녀 이야기

인풋과 아웃풋

쓰레기더미에서는 목적을 찾지 못한다

'인풋 → 머릿속 정리 → 아웃풋' 순서로 배우자

절차 기억을 할 때도 '인풋 → 머릿속 정리 → 아웃풋'이 효과적

'양 늘리기'는 나쁜 작전

책상을 보고 공부하지 말자

입시 대책을 세워도 어른이 되었을 때 필요한 힘을 얻지 못한다

What 사고에서 How 사고로 전환하자

논리사고를 하면 결과를 내는 사람이 될 수 있다

학원에 다니지 않고 전교 1등을
놓치지 않았던 소녀 이야기

어떤 소녀의 이야기입니다.

빈곤한 가정에서 태어난 소녀의 어머니는 아침부터 밤까지 구슬땀을 흘리면서 일해 딸을 홀로 키웠습니다. 그래도 생활 형편은 좀처럼 나아지지 않았습니다.

초등학생이 되어 주변 아이들은 이것저것 배우러 학원에 가는데, 이 소녀는 그러지 못했습니다. 그러나 초등학교 6년 동안 전교 1등 자리를 놓치지 않았습니다.

의아하게 생각한 담임선생님이 어머니에게 물었습니다.

"어떻게 가르쳤기에 이렇게 좋은 성적을 내는 건가요?"

"전 아무것도 가르치지 않았습니다."

선생님은 깜짝 놀랐습니다.

단지 어머니는 딸이 초등학교에 입학할 때 이런 말을 했다고 합니다.

"엄마는 말이야, 옛날에 돈이 없어서 학교도 제대로 다니지 못했어. 그러니까 우리 ○○가 초등학교에 가서 선생님한테 공부를 배우는 게 너무 부러워. 학교에 갔다가 집에 오면 그날 배운 내용을 엄마한테도 가르쳐주겠니?"

"응, 매일 엄마한테 가르쳐줄게."

소녀는 매일 엄마가 일을 마치고 집에 돌아오면 그날 학교에서 배운 내용을 가르쳐주었답니다.

인풋과
아웃풋

저는 이 이야기를 아주 좋아해 다른 사람들에게 자주 전합니다. 이 이야기에는 결과를 내는 데 중요한 진액이 담겨 있기 때문입니다.

그리고 이 이야기에서는 대다수의 사람들이 중1 수학을 배웠는데도 논리적인 사고를 못하는 원인을 찾을 수 있습니다.

보통 초등학생들과 비교해 이 소녀는 큰 '차이점'이 있습니다. 보통 학생들은 자신이 이해할 수 있는가, 외울 수 있는가를 기준으로 수업을 듣습니다. 그러나 이 소녀는 훨씬 상급 수준으로 수업을 듣고 있었던 것입니다. 바로 어머니에게 가르칠 수 있는 수준입니다.

가르치는 입장에 있는 사람들은 잘 알겠지만, 자신이 듣고 이해하는 것과 타인에게 가르치는 것은 완전히 수준이 다릅니다.

머리로는 이해하지만 말로 설명하기 어려웠던 경험을 누구나 가지고 있을 것입니다.

가르치기 위해서는 전체적으로 경험을 해야 하고 비결이나 포인트를 정확히 파악해야 합니다. 나아가 자신의 머리로 정리한 뒤 알기 쉽게 표현하려고 노력해야 합니다.

저도 열여덟 살 때는 하루에 12시간씩 수험 공부를 했는데, 교편을 잡고 가르친 뒤 학습 능력이 더 좋아졌다는 것을 실감합니다.

단시간에 빠르게 학습 능력을 올리는 데는 가르치기보다 자습하는 것이 좋지만, 시간을 충분히 들일 수 있는 상황이라면 누군가를 가르쳐야 훨씬 더 높은 수준으로 올라갈 수 있습니다.

즉, 무언가를 자기 것으로 만드는 데는 인풋보다 아웃풋이 훨씬 더 효과적입니다.

이 소녀는 어머니에게 가르쳐주기 위해 수업을 매우 집중해서 들었을 것입니다. 그리고 어머니에게 가르쳐주면서 그날 배운 내용을 복습했겠지요.

수업 중에도 '아, 지금 선생님의 설명이 아주 좋았으니 엄마한테도 똑같이 설명해야겠다'라든가, '지금 설명은 이해가 잘 안 되니까 엄마한테 가르쳐주기 전에 미리 정리해놔야겠다' 등 보통 학생들이 놓치는 부분을 정확히 짚고 실제로 해결했을 것입니다.

따라서 다른 친구들과 똑같이 수업을 들었지만 흡수하는 수준이 완전히 달랐던 것입니다.

제가 많은 도움을 받고 있는 커리어 컨설팅이라는 회사가 있습니다. 학생들의 취업 활동 지원이나 사회인을 위한 교육을 실시하는 회사인데, 선배가 후배에게 지도하는 시스템을 도입해 여러 젊은 멤버가 가르치는 과정(아웃풋)을 통해 큰 성장을 이루고 있습니다. 참고로 말하자면 이 시스템은 메이지유신 때 사이고 다카모리西鄕隆盛나 오쿠보 도시미치大久保利通 등 많은 위인을 배출한 사쓰마번*의 고주鄕中 교육과 같습니다.

일본에서는 어린 시절부터 매일 몇 시간씩 수업을 받습니다. 의무교육이기 때문에 그것 자체는 나쁘지 않습니다.

그러나 수업받는 방법은 가르치지 않습니다.

보통 학교나 학원에서는 '수업에 참석해라, 숙제해와라, 공부량을 늘려라'라고만 지도할 뿐 수업시간이나 자습시간의 숙제

———
* 에도 시대에 일본 남쪽 지역인 규슈 지방에서 부르던 세력 이름.

를 효율적으로 하는 방법은 가르쳐주지 않습니다.

외우라고 하면서 외우는 법은 가르쳐주지 않습니다.

그래서 저는 개인적으로 가능한 범위 내에서 공부하는 방법이나 결과를 내는 방법을 학생들에게 가르칩니다. 고등학생 정도 되면 자신의 스타일이 이미 확립되어 고치기 힘들어하는 학생이 많습니다.

그런 학생들에게 앞서 나온 소녀 이야기를 해줍니다. 수업을 듣는 법이나 공부하는 법을 조금만 바꿔도 큰 효과를 볼 수 있다고 말입니다.

다른 사람과 '같은 일'을 하면 '같은 결과'밖에 얻지 못합니다. '다른 일'을 해야 '다른 성과'를 얻는 법이지요.

그렇다면 어떻게 배워야 성과를 낼 수 있는지 살짝 공개하도록 하겠습니다.

쓰레기더미에서는
목적을 찾지 못한다

가끔 텔레비전에서 지저분한 집을 소재로 한 방송을 내보냅니다.

한마디로 집이 쓰레기투성이라 어디에 무엇이 있는지도 알수 없고 거실과 부엌에 온통 물건들이 쌓여 발 디딜 틈도 없습니다.

그런데도 그 집에 사는 사람은 "어디에 무엇이 있는지 다 알아요" 하고 우깁니다. 그러나 확인해보면 찾지 못합니다.

물론 쓰레기를 버리자고 말하려는 게 아니라, 집 안에 존재하더라도 어디에 있는지 파악하지 못하면 존재하지 않는 것이나 마찬가지라는 말을 하려는 겁니다.

아무리 좋은 물건을 놓더라도 샀다는 사실조차 잊어버리거나 한쪽 구석에 처박아두면 아무 소용 없습니다.

책장에 꽂아놓고도 어디에 뒀는지 잊어버리면 책장에 없는 것이나 마찬가지입니다.

책을 작가별, 출판사별, 테마별로 정렬하면 바로 찾을 수 있습니다. 그렇게 많은 책이 있는데도 도서관이 제 기능을 하는 이유는 책장에 정리해서 넣고 라벨을 붙인 다음 리스트를 만들어 관리하기 때문입니다. 이는 제5장에서 많은 데이터를 정렬(순서)하기만 해도 알기 쉽다고 한 말과 '같습니다'.

이것은 공부에도 똑같이 적용됩니다.

벼락치기로 뜻도 모른 채 통째로 외운 것을 시험이 끝나면 곧바로 잊어버리는 것은 머릿속에서 정리되어 있지 않기 때문입니다.

단어나 용어의 뜻도 제대로 모른 채 무작정 머릿속에 집어넣으면 대부분 기억에 남지 않습니다. 아무리 대량으로 암기하더라도 그대로 빠져나가버립니다.

방법은, 머릿속을 정리하는 것입니다.

머릿속을 쓰레기더미처럼 엉망진창으로 두지 말고 정리하면서 외워야 합니다.

머릿속을 정리한다는 것은, 즉 '공통점', '차이점', '순서'를 의식하는 것입니다.

제4장에서 암기 포인트는 관련짓는 것이라고 설명했습니다. '錐'라는 한자와 관련지으면서 이야기를 펼쳤던 것처럼 많은 지식을 연결하면서 외우세요.

'순서(인과관계)'로서 어원을 알아보는 것도 효과가 있습니다.

또 각각 직접적인 관련성이 없더라도 '순서'를 따지면 효과적입니다.

역사에서 연호만 암기하려니 괴로웠다는 이야기를 자주 듣는데, 그 사건보다 앞인지 뒤인지 '순서'를 따지면서 외우면 차이가 느껴질 것입니다.

이처럼 다른 지식과 얼마나 관련 있는지 따지면서 외우느냐가 승부를 좌우합니다.

'인풋 → 머릿속 정리 → 아웃풋' 순서로 배우자

마지막으로 아웃풋을 합니다. 즉, 무언가를 배울 때는 ① 인풋, ② 머릿속 정리, ③ 아웃풋 순서로 실행하는 것이 바람직합니다.

어떤 형태로 아웃풋할지는 크게 신경 쓰지 않아도 됩니다.

익숙해지기 전까지는 머릿속에서 정리한 내용을 그대로 종이에 적는 방법을 추천합니다.

비즈니스 실용서에서 소개한 노트 방법이 화제가 되곤 하는데, 이것은 뇌를 정리하고 아웃풋하는 과정입니다.

또 학교나 학원에서는 선생님이 풀이를 그림이나 표로 정리해서 나눠주거나 칠판에 쓰기도 하는데, 이것은 학생보다도 선생님에게 무척 효과적인 공부법입니다.

교과서나 참고서에 쓰인 내용을 자신의 머릿속에 한 번 인풋하고 '공통점', '차이점', '순서'를 사용해 정리한 다음 종이에 아웃풋하는 것이지요.

여러 선생님의 수업을 들어서 다양한 시점으로 정리하는 법을 알고 만족하는 학생도 있는데, 그보다는 스스로 정리하는 노력을 하는 편이 몇 배 더 효율적입니다.

저도 매일 머릿속을 정리합니다. 수학 이외에 영어, 국어(고전문학이나 한문학까지), 과학, 사회까지 가르치기 때문에 가르칠 때마다 머리가 정리됩니다.

충분히 정리된 내용은 되도록 깔끔하게 종이에 씁니다. 가끔 블로그에 올릴 때도 있고요.

한 가지만 소개해볼게요.

대학 입시용 수학에서는 일차방정식, 연립방정식, 이차방정식, 고차방정식 등 많은 종류의 방정식이 나오고 각각 풀이가 달라 헷갈리는 학생이 아주 많습니다.

그때 전체를 한 장의 그림으로 알기 쉽게 정리해서 학생들에게 나눠줍니다.

다음 페이지에 소개하는 그림은 중1 수학 범위를 넘어서기

때문에 그림으로만 참고하세요. 저는 이런 정리 그림을 100장
도 넘게 가지고 있습니다. 정리할 때 참고하기 바랍니다.

방정식 해법 흐름 차트

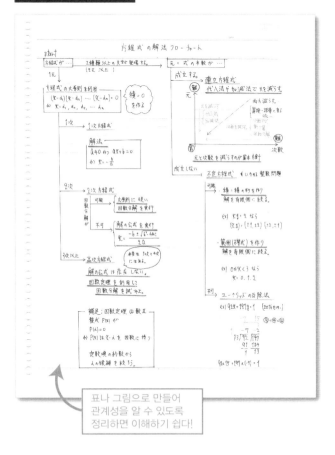

표나 그림으로 만들어
관계성을 알 수 있도록
정리하면 이해하기 쉽다!

절차 기억을 할 때도
'인풋 → 머릿속 정리 → 아웃풋'이 효과적

이것은 정보나 지식 등의 '의미 기억'에만 통하는 건 아닙니다.

제4장에서는 암기력을 주제로 두 가지 기억을 주로 다뤘습니다. 지식이나 정보를 외우는 '의미 기억'과 동작이나 작업 방법을 외우는 '절차 기억'입니다.

'절차 기억'도 '인풋 → 머릿속 정리 → 아웃풋'의 흐름으로 해야 효과적입니다.

제가 실제로 겪은 일을 예로 들어보겠습니다.

저는 대학교를 막 졸업하고 어느 학원에 입사했는데, 거기서 무척 까다로운 상사 밑에 배정받았습니다.

나는 매일 혼쭐만 나고 잘 되는 일 하나 없는데 일을 잘하는 선배를 비롯해 아르바이트 강사들 중에 그 상사의 마음에 들어 전혀 혼나지 않는 사람이 많았습니다.

'불공평해. 그 상사는 나를 싫어해서 내가 뭘 하든 트집을 잡는 거야.'

당시에는 정말 그렇게 생각했습니다.

그러나 얼마 지나자 어떤 법칙이 보이기 시작했습니다.

꾸중을 듣지 않는 선배나 강사들을 보니 '같은 행동'을 취하고 있었습니다.

저는 말을 걸면 꾸중을 들을 테니 꼭 필요한 대화만 하고 상사에게 다가가지 않았는데, 선배들은 자주 말을 걸었습니다.

그리고 업무 상담도 자주 했습니다.

"저 학생은 어디가 불안한 것 같은데 잠깐 방 좀 빌려서 면담하고 와도 될까요?"

"앞으로 저희 반 운영 방침을 조금 바꾸고 싶은데 이렇게 하면 어떨까요?"

그 밖에도 수시로 대화를 했습니다.

'그렇구나. 혼나서 말도 못 붙이는 것이 아니라 말을 걸지 않아서 혼나는 거구나.'

이렇게 머릿속으로 정리한 뒤 사소한 일이라도 상사에게 말을 걸자 관계가 조금씩 개선되었습니다.

　　그 상사나 선배들의 행동에서는 또 다른 패턴이 보였습니다. 그 상사는 낮 시간에 컴퓨터로 업무를 볼 때는 얼굴을 찡그리는 경우가 많은데 수업을 마친 후에는 표정이 밝았습니다. 교사 입장에서는 행정적인 업무보다 수업을 좋아하겠지요. 상사도 뼛속부터 선생님이었던 것입니다.

　　또 그 상사는 담배를 피웠는데, 담배를 피우러 준비실(탕비실)에 들어갔을 때도 기분이 풀어졌습니다.

　　다른 선배들은 말하기 어려운 문제들을 상담할 때 수업 후나 준비실을 이용한다는 사실도 알게 되었습니다.

　　저는 상사의 기분을 파악하지 않고 긴장해서 신경이 날카로울 때 괜한 행동을 했기 때문에 자주 혼났던 것입니다. 타이밍을 잘 살펴 말을 걸자 상사와의 관계가 개선되었습니다.

　　선배들이나 상사의 행동에서 '공통점'을 인풋해 머릿속에서 정리한 뒤 아웃풋을 한 경험입니다.

　　'인풋 → 머릿속 정리 → 아웃풋'이라는 흐름은 어떤 상황에서든 효과가 있습니다.

'양 늘리기'는
나쁜 작전

나쁜 예를 소개하겠습니다.

아이의 성적이 좋지 않으면 공부하라고 잔소리하게 되지요. 하지만 이렇게 하면 대부분 실패합니다. 이유를 살펴볼까요.

성적이 좋은 아이는 확실히 공부량이 많습니다.

따라서 부모나 선생님 입장에서 아이나 학생의 공부량을 늘리고 싶어 하는 심리는 충분히 이해가 갑니다.

그렇지만 단순하게 공부량만 늘리면 될까요?

그렇지 않습니다.

공부량을 억지로 늘리면 오히려 역효과가 납니다. 공부를 싫어하고 성적이 떨어질 수도 있습니다.

이 사실을 앞서 했던 이야기에 적용하면 다음과 같습니다.

① 성적이 좋은 아이의 성향인지 알기(인풋)

③ 아이나 학생에게 공부량을 늘리도록 지시하기(아웃풋)

여기서는 ②머릿속 정리라는 절차(순서)가 빠졌습니다.

조금 더 찬찬히 성적이 좋은 아이를 분석해보겠습니다.

제5장에서 '눈사람 법칙'을 소개했습니다.

먼저 양질의 것을 만드는 데 전념하고, 만들 수 있게 되면 늘린다는 방법이었습니다. 아무튼 빠른 단계에서 질에 초점을 맞출 수 있느냐가 무슨 일에서든 가장 중요한 포인트입니다.

즉, 성적이 좋은 아이는 양질의 방법을 알고 있는 것입니다.

시간을 들이면 확실하게 성과를 내는 방법을 알고 있기 때문에 시간을 들이려고 마음먹습니다. 따라서 공부량이 많아도 비교적 힘들다고 느끼지 않습니다.

양질의 것을 만들 줄 안다면 양을 늘리기는 좋은 전략이지만, 질이 보장되지 않은 상태에서 무작정 양만 늘리려 해서는 안 됩니다.

공부량을 늘리지 말라는 것이 아닙니다. 공부량을 늘리면 무조건 좋다고 여기는 것은 위험하다는 의미입니다.

반복하지만, 빠른 단계에 양질의 것을 만들 수 있느냐가 가장 중요합니다. 그리고 ① 인풋 → ② 머릿속 정리 → ③ 아웃풋의 흐름을 익히는 것이 그 방법입니다. 이 세 가지는 이 책에서 배운 세 가지 힘과 대응합니다.

암기력으로 인풋하고, 논리력으로 머릿속을 정리하며, 언어력으로 심플하게 표현하세요. 지금까지 맛보지 못한 속도로 성장할 겁니다.

책상을 보고
공부하지 말자

그렇다면 양질의 배움을 터득한 사람은 어떤 특징을 갖고 있을까요?

한 가지 예를 들면 책상을 보고 공부하지 않게 된다는 점입니다.

공부한다고 하면 '책상에 앉아 교과서를 펼치고 문제집을 많이 푼다. 단어나 용어를 많이 외운다' 등과 같은 이미지를 떠올리기 쉽습니다. 이 방법도 아주 중요해, 점수를 따야 하는 공부에서는 매우 효과적입니다.

그러나 이 방법만으로는 한계가 있습니다. 경쟁률이 높은 대학에 합격할 만큼 성적이 우수한 학생일수록 교과서나 참고서, 문제집 이외에서 배우는 스타일이 확립되어 있습니다.

제가 도쿄 대학에 갓 입학했을 때 이야기입니다.

학교 축제 때 간이매점에서 닭꼬치 파는 역할을 맡아 "닭꼬치 드시고 가세요~ 한 개에 80엔부터입니다~" 하고 지나가는 사람에게 말을 걸었습니다. 그러자 옆에 있던 친구가 지적했습니다.

"한 개에 80엔부터라고 하면 90엔이나 100엔짜리 닭꼬치도 판다는 이야기 같지 않아? 우리는 한 개에 80엔짜리만 파니까 '한 개에 80엔입니다'라고 말하는 게 좋을 것 같은데."

이런 이야기를 들으면 즐거운 학교 축제 분위기에 찬물을 끼얹는 눈치 꽝인 친구구나 하고 생각할 수 있습니다.

그러나 여기서는 일상생활에서 지나가는 한마디를 듣고 '~부터'라는 말이 어색하다고 느껴 대화를 전개했다는 점을 강조하고 싶습니다.

교과서에 나오는 문장이나 시험 문제에서만 어색함을 느끼는 것이 아니라 일상 대화든 공부든 똑같은 감각으로 느끼고 있다는 뜻입니다.

예를 한 가지 더 들겠습니다.

환경 문제가 심각하게 대두하면서 페트병을 태우면 다이옥신이 발생하므로 쓰레기를 분리해서 버리자는 운동이 시작되었을 무렵입니다.

그때 같은 도쿄 대학 친구가 이렇게 말했습니다.

"다이옥신은 염소를 태우면 발생하지? 그런데 페트병은 폴리에틸렌 테레프탈레이트 Poly-Ethylene Terephthalate의 약자니까 탄소랑 수소랑 산소밖에 들어 있지 않아 태워도 이산화탄소와 물만 생기잖아. 그러니까 페트병은 태워도 괜찮을 것 같은데."

고등학교에서 화학을 배우면 페트병의 성분을 화학식으로 나타낼 수 있습니다. 또 페트병을 연소한 화학 반응식도 나옵니다. 친구는 이 지식과 쓰레기 분리를 연결해서 지적한 것입니다.

참 머리 좋은 사람이라고 생각했지만, 도쿄 대학생은 이런 대화를 합니다.

책상에서 하는 공부를 생활의 일부로 녹이는 것이지요.

따라서 책상에서만 공부하는 것이 아니라 우리의 모든 생활이 교재라고 생각하면서 배우는 자세가 중요합니다.

참고로 전문적이지는 않지만 이런 이야기를 들은 적이 있습니다. 페트병을 연소해도 다이옥신은 나오지 않지만, 페트병을 가공할 때 쓴 약품이나 그 안에 들어 있는 액체 등을 포함해서 연소하면 다이옥신이 발생할 가능성이 있다고 합니다.

입시 대책을 세워도 어른이 되었을 때 필요한 힘을 얻지 못한다

'수학은 유용하다'라는 의견과 '수학은 유용하지 않다'라는 의견이 모두 존재합니다.

그것은 수학'을' 배우는가, 수학'으로' 배우는가의 차이에서 비롯됩니다.

확실히 인수분해나 미분, 적분을 사용하지 않아도 진심으로 존경할 수 있는 분이 많지만, 수학을 이용하는 일을 하는 분도 많습니다. 수학이 유용하다, 유용하지 않다는 논쟁에 대해 말하고 싶지는 않지만, 수학'을' 배우는 것과 더불어 수학'으로' 배우는 자세를 익히면 인생에 더 도움이 되지 않을까 생각합니다.

이 책은 예전에 배웠던 중1 수학을 다시금 꺼내 논리사고를 익히고자 하는 목적으로 쓴 것입니다.

누구나 배운 중1 수학에, 꼼꼼히 읽으면 무척 논리적인 요소가 가득 담겨 있다는 사실을 이해했으리라 믿습니다.

그러나 학교에서 평범하게 수학'을' 공부하고 고교 입시, 대학 입시를 준비한 것만으로는 논리적인 사고를 익힐 수 없을 것입니다.

왜냐하면 학생 때는 시험 점수를 잘 받는 것이 목적이지 수학'으로' 논리적인 사고를 배우고자 하지 않기 때문입니다.

시험 점수를 얻기 위한 공부는 지루해지기 마련입니다. 게임을 한다고 생각하면 즐길 수 있는 부분도 있지만, 누구나 즐길 수 있는 게임은 아닐 것입니다. 스포츠든 비디오 게임이든 모든 사람이 좋아하지는 않으니까요.

저는 이른바 수학을 좋아하는 사람들과 접할 기회가 많습니다. 수학을 좋아하는 어른도 있고, 수학을 좋아하는 초등학생이나 중학생도 있습니다. 그러나 그들 가운데 "시험 점수가 좋으니까 수학이 좋아"라고 말하는 사람은 단 한 사람도 없습니다. 다들 수학 자체에 매력을 느끼는 것이지요.

입시 대책을 세우면 수학에서 재미를 느끼기보다는 높은 점수를 받기 위한 방법에만 몰두합니다. 그러다보니 수학의 진정한 매력을 접할 기회가 적어집니다. 따라서 논리적인 사고를 익히지 못하게 되지요.

입시를 준비하는 학생들은 '번듯한 대학에 들어가 좋은 직장에 취직했으면' 하는 바람을 가지고 공부합니다. 이처럼 입시 공부에만 집중하면 어른이 되어 정작 필요한 것을 놓칠 수밖에 없습니다.

What 사고에서
How 사고로 전환하자

그렇다면 어떻게 해야 할까요? What 사고에서 How 사고로 전환하는 것이 중요합니다.

수학 '을'(What) 배우는 것이 아니라 수학 '으로'(How) 배운다는 것을 의식하세요. 학생 때는 점수를 잘 받아야 하기 때문에 아무래도 수학 '을'(What) 배우는 것에 집중할 수밖에 없습니다.

그러나 이 책에서 소개했듯 수학 '으로'(How) 논리사고를 배우도록 공들이면 수학이 인생의 교재로 바뀝니다.

앞에서 공부하라고 강요하는 것은 나쁜 작전이라고 이야기했는데, 성적이 좋은 아이는 어릴 적부터 일상생활과 학교 공부가 연결되어 있을 것입니다. 그 때문에 생활에서 의문점을 발견하고 학교에서 수업을 들을 때도 일상생활과 연결합니다. 그렇게 관련지으면서 배우기 때문에 기억에 잘 남습니다.

이와 같은 공부법(How)이 확실히 자리 잡은 아이를 지도하면 매우 편합니다. 선생님 입장에서는 많은 정보를 주기만 하면 학생이 알아서 머릿속으로 스토리를 만들어 이해하고 암기하기 때문입니다.

그러나 머릿속은 보이지 않습니다. 성적이 좋은 아이가 어떻게(How) 머리를 쓰는지는 보지 않은 채 표면적인 공부량(What)만 보고 자신의 아이나 학생에게 공부 잘하는 아이와 똑같은 방법을 적용하려 하면 실패합니다. 맞지 않는 옷을 억지로 입히려고 하니 당연합니다.

일단 좋은 공부 방법을 터득하게 하는 것(How)이 중요합니다. '인풋 → 머릿속 정리 → 아웃풋'의 '순서'로 한다는 것도 머릿속을 정리하는 부분이 How로 되어 있습니다. 단순히 주입하면 What이지만, 머릿속을 정리해서 법칙이나 노하우를 발견한 상태에서 하면 How가 됩니다.

누구나 같은 시간을 살아갑니다. 일이 잘 풀리는 사람이 있는가 하면 그렇지 않은 사람도 있습니다. 그 차이점은 시간 쓰는 법(How)에 있습니다. 하루 24시간(What)은 '같지만' 쓰는 법 (How)이 '달라' 차이가 생기는 것입니다.

머리로 생각하기란 어렵고 번거로울지 모르지만, 한 번 터득하면 무엇에든 응용할 수 있습니다. 눈사람처럼 먼저 양질의 것을 익힌 다음 불려나가면 됩니다.

그런 이유에서 논리사고에 적합하고 가장 간단한 내용으로 구성되어 있는 중1 수학을 교재로 삼은 것입니다.

저는 여러분이 중1 수학을 다시 공부하길 바라지는 않습니다. 중1 수학은 어디까지나 교재(What)일 뿐, 중요한 것은 그 배경에 있는 사고법(How)입니다.

지금까지와 '같은' 방법을 쓰면 '같은' 결과만 나옵니다. '다른' 방법을 시도해야 '다른' 결과가 나오겠지요.

그렇다면 '인풋 → 머릿속 정리 → 아웃풋'의 순서로 배우고 What 사고에서 How 사고로 바꿔보세요.

이렇게 하면 논리사고가 자리 잡혀 지금까지와 다른 성과를 낼 것입니다.

제6장 한눈에 보기

- 인풋 → 머릿속 정리 → 아웃풋이 올바른 '순서'.
- '공통점', '차이점', '순서'를 써서 머리를 정리한다.
- '같은' 것만 반복하면 '같은' 결과밖에 나오지 않는다.
- '다른 것'을 했을 때 비로소 '다른' 결과가 나온다.
- What 사고에서 How 사고로 전환한다.

비즈니스에서 차이를 만드는
논리머리 만들기

초판 1쇄 발행 2018년 10월 19일
초판 3쇄 발행 2018년 12월 10일

지 은 이 히라이 모토유키
옮 긴 이 김소영
발 행 인 김종립
발 행 처 KMAC
편 집 장 정만국
책임편집 최주한
홍보·마케팅 박예진 김선정 이동언
표지·본문 이든디자인
출판등록 1990년 5월 11일 제13-345호
주   소 서울 영등포구 여의공원로 101, 8층
문의전화 02-3786-0752 **팩스** 02-3786-0107
홈페이지 www.kmac.co.kr

©KMAC, 2018
ISBN 978-89-93354-80-5 00170

값 14,000원
*잘못된 책은 바꾸어 드립니다.

이 도서의 국립중앙도서관 출판예정도서목록(CIP)은 서지정보유통지원시스템 홈페이지(http://seoji.nl.go.kr)와
국가자료공동목록시스템(http://www.nl.go.kr/kolisnet)에서 이용하실 수 있습니다.(CIP제어번호 : CIP2018029288)